Von E. Gambsch sind außerdem erschienen:

Die 300 besten Pfarrer-Witze (Band 02649)
Die 300 besten Familien-Witze (Band 02653)
Die 300 besten Büro-Witze (Band 02782)
Die 300 besten Schüler-Witze (Band 02796)
Die 300 besten Politiker-Witze (Band 73040)
Die 300 besten Schlafzimmer-Witze (Band 73041)
Die 300 besten Professoren-Witze (Band 73042)
Die 300 besten Berliner-Witze (Band 73043)
Die 300 besten Lehrer-Witze (Band 73044)
Die 300 besten Fußballer-Witze (Band 73045)
Die 200 besten Olympia-Witze (Band 73052)
Die 1000 besten Witze der Welt (Band 73056)

Originalausgabe Dezember 1997
Copyright © 1997 Droemersche Verlagsanstalt Th. Knaur Nachf.,
München
Satz: IBV Satz- und Datentechnik GmbH, Berlin
Reproduktion: Repro Knopp, Inning/Ammersee
Druck und Bindung: Ebner, Ulm
Printed in Germany
ISBN 3-426-73062-6

5 4 3 2 1

E. Gambsch (Hrsg.)
Die 300 besten Kinder-Witze

Mit Illustrationen von Dietmar Grosse

Inhalt

»Es war ganz schön, Mutti, aber ich
kann doch auch zu Hause brav sein«

oder

**Im Kindergarten beginnt
der Ernst des Lebens**

Manfred deutet auf die Kette mit einem Talisman, die die Kindergärtnerin trägt, und fragt: »Was ist denn das?«
»Das ist ein Anhänger.«
»Und wo ist die Zugmaschine?«

*

Als das kleine Mädchen erstmals im Kindergarten erschien, übergab sie der Leiterin einen Zettel, auf dem stand: *Die von Elvira vertretenen Ansichten und Meinungen sind keineswegs mit denen ihrer Eltern identisch.*

*

»Warum siehst du mich denn so prüfend an?« will die Kindergärtnerin von dem kleinen Max wissen.
»Ich überlege mir nur, ob Sie eigentlich auch zum schöneren Geschlecht gehören.«

*

Hingebungsvoll bemalt die vierjährige Janine ein Blatt Papier. Schließlich zeigt sie es der Kindergärtnerin und sagt:
»Schau mal, ich habe den lieben Gott gemalt.«
»Aber wir wissen doch gar nicht, wie der liebe Gott aussieht«, erklärt ihr die Erzieherin.
Das Kind deutet auf sein Gemälde und sagt: »Aber jetzt wißt ihr es.«

*

»Was möchtest du denn später einmal werden?«
»Lehrer und Maurer«, antwortet der Fünfjährige.
»Warum denn gleich zwei Berufe?« fragt die Kindergärtnerin.
»Das ist doch ganz einfach: Die Lehrer haben im Sommer frei und die Maurer im Winter.«

Als der kleine Alexander nach dem ersten Tag im Kindergarten nach Hause kommt, erkundigt sich die Mutter, wie es gewesen sei und wie es ihm gefallen habe.
»Es war ganz schön, Mutti«, gibt er zu, »aber ich kann doch auch zu Hause brav sein.«

Es fragte die Kindergärtnerin die kleine Brigitte:

»Wann bist du denn geboren?«
»Ich bin nicht geboren – ich habe eine Stiefmutter.«

»Aber Fritzchen, du willst wirklich nicht heiraten, wenn du einmal erwachsen bist?« wundert sich die Kindergärtnerin.
»Ganz bestimmt nicht! Ich sterbe lieber aus.«

*

»Rolfchen, warum meinst du wohl, daß ich dich ein kleines Ferkel genannt habe?« fragt die Kindergärtnerin.
»Weil ich noch nicht so groß und erwachsen bin wie Sie«, erklärt ihr der kleine Mann.

*

Die Kindergärtnerin erkundigt sich bei Gisela, was ihr der Nikolaus gebracht habe.
»Viele Süßigkeiten. Aber die habe ich über das Wochenende bereits alle aufgegessen.«
»Vielleicht bringt dir dann der Weihnachtsmann wieder welche.«
»Bestimmt nicht, denn den habe ich auch aufgegessen.«

»Heute bitte keinen Lebertran«, sagt Tobias zu seiner Mutter.

»Warum denn nicht?«

»Wir haben nachher im Kindergarten Turnen, und niemand soll mir vorwerfen können, ich sei gedopt.«

*

»Weißt du nicht, was mit den kleinen Mädchen geschieht, die ihr belegtes Brot nicht essen wollen?«

»Doch, das weiß ich ganz genau«, antwortet Martina der Kindergärtnerin. »Die bleiben schlank und rank, werden später Filmstar, Mannequin oder Callgirl und verdienen einen Haufen Geld.«

*

»Warum haben Sie eigentlich keine Kinder?«

»Weil mir der Klapperstorch keine gebracht hat«, klärt die Kindergärtnerin den fünfjährigen Konstantin auf.

»Na ja, wenn Sie sich auch darauf verlassen!«

Es entsetzte sich die Kindergärtnerin:

»Rüdiger, in deiner Hosentasche ist ja ein lebender Frosch!«

»Und die Maus und die Würmer sind nicht darin?«

»Was willst du denn einmal werden?« will die Kindergärtnerin vom kleinen Emil wissen.

»Nichts. Ich heirate später die Omi, und dann habe ich gleich die Rente.«

Die Kindergärtnerin ermahnt Dieter: »Man bohrt nicht mit dem Finger in der Nase.«
»Womit denn dann?«

*

Paulchen, der wieder einmal viel zu spät unterwegs zum Kindergarten ist, rennt, so schnell ihn seine Füße tragen, und seine Lippen flüstern: »Lieber Gott, laß die Uhr langsamer gehen und sorge bitte dafür, daß ich nicht zu spät ankomme.«
Im nächsten Augenblick fliegt er der Länge nach hin. Er richtet sich schnell wieder auf und jammert: »Na weißt du, zu stupsen brauchst du mich auch nicht.«

*

»Du bist ein richtiger Dreckspatz!« schimpft die Kindergärtnerin.
Verteidigt sich Armin: »Nein, ich bin nur sehr erdverbunden.«

Es sagte Renatchen voller Stolz zur Kindergärtnerin:

»Meine Mama hat mich besonders lieb. Drei Väter hat sie schon ausgetauscht, aber mich hat sie immer behalten.«

Teilnahmsvoll erkundigt sich die Kindergärtnerin: »Ist der Fingernagel, den du dir eingeklemmt hattest, schon wieder nachgewachsen, Hubert?«
»Ja, fast. Es fehlt nur noch der schwarze Rand.«

»Meine Mutter versteht nichts von Erziehung«, behauptet Bernd.

Erkundigt sich die Kindergärtnerin: »Warum nicht?«

»Wenn ich abends noch ganz munter bin, verfrachtet sie mich ins Bett. Und morgens, wenn ich noch schrecklich müde bin, muß ich aufstehen.«

Es verteidigte sich der kleine Albert:

»Meine Hände sind wirklich sauber, Fräulein. Aber vielleicht ist Ihre Brille schmutzig.«

»Mein Vati verdient mindestens achttausend Mark im Monat«, protzt Reinhold.

»Dafür muß ich mich mehrere Monate abrackern«, wundert sich die Kindergärtnerin.

»Das ist so schon in Ordnung«, stellt der Fünfjährige fest.

»Mein Vater arbeitet ja auch den ganzen Tag – und Sie spielen immer nur.«

*

»Wen liebst du mehr, Gundi, deinen Vater oder deine Mutter?« fragt die Kindergärtnerin.

»Meinen Vater.«

»Ist er netter als deine Mutter?«

»Nein, aber er ist viel seltener zu Hause.«

*

»Wem siehst du eigentlich ähnlich?« fragt die Kindergärtnerin Wolfgang.

»Oben Mutti, unten herum Vati.«

Die Kindergärtnerin schaut Heiko vorwurfsvoll an und sagt: »Du hast jetzt so viel Kuchen gegessen wie drei andere Kinder zusammen. Wenn du nicht aufhörst zerspringst du.«
Eifrig weiterkauend nuschelt Heiko: »Geben Sie mir ruhig noch ein Stück – und stellen Sie sich etwas zur Seite.«

*

Der kleine Willibald ist hingefallen. Die Kindergärtnerin hilft ihm aufstehen. Da er weint, will sie ihn trösten und sagt: »Komm her und setze dich einen Augenblick auf meinen Schoß.«
»Wieso?« stutzt er. »Willst du dich vielleicht mit mir verloben?«

*

Oskar hat die Angewohnheit, Gesichter zu schneiden, und die Kindergärtnerin erklärt ihm: »Wenn man als Kind immer so ein häßliches Gesicht schneidet, bleibt es einmal stehen.«
Oskar sieht die Erzieherin mit gefurchter Stirn an und meint: »Als Sie klein waren, haben Sie offensichtlich auch einmal Gesichter geschnitten.«

*

Die Kindergärtnerin erkundigt sich bei Anne: »Was würdest du tun, wenn du viel Geld hättest?«
»Ich würde mir ein weißes Kleid, weiße Schuhe und einen weißen Hut kaufen.«
»Und was machst du dann?«
»Dann mache ich alles dreckig!«

Beim Müsliessen hat sich Helenchen verschluckt. Sie würgt, und die Kindergärtnerin meint: »Hast du dich verschluckt?«

»Quatsch!« sagt Helene. »Sie sehen doch, daß ich noch da bin.«

»Zieh mir mal den Schlüpfer runter und schau nach, was ich gekostet habe«

oder

Es lebe die geschwisterliche Eintracht

Stefan sieht zu, wie sein Bruder Fische im Aquarium füttert. »Was gibst du denen denn?« will er wissen.

»Wasserflöhe.«

»So eine Tierquälerei«, meint Stefan. »Fische können sich doch nicht kratzen.«

*

Karin und Hans spielen Mann und Frau. Da kommt ein Nachbarskind hinzu und möchte mitspielen. Karin ist damit gar nicht einverstanden, aber schließlich sagt sie gnädig: »Gut, dann bist du unser Hausmädchen und hast heute deinen freien Tag. Und jetzt kannst du ja ganz schnell verschwinden.«

*

Lukas und Emil waschen sich.

Sagt Lukas: »Mensch, hast du einen schmutzigen Hals.«

Meint Emil: »Kein Wunder, ich bin ja auch zwei Jahre älter als du.«

*

»Du, Willi«, sagt Klein-Evchen zu ihrem zwei Jahre älteren Bruder, »ich glaube, die Katze von nebenan kriegt Junge.«

»Blödsinn«, sagt Willi, »du bist schrecklich dumm. Die Katze ist doch ein Kater – und Männer brüten nicht.«

*

Die zwei größeren Geschwister haben ihre kleine Schwester im Kinderzimmer eingesperrt. Die Kleine will unbedingt raus, trommelt mit ihren Händchen gegen die Tür, doch die beiden anderen lachen nur über sie.

Plötzlich schreit die Kleine: »Sofort aufmachen! Das bin nicht ich, sondern die Mutti, die hinaus will.«

Es fragte die neue Nachbarin:

»Hast du noch Geschwister, Kleiner?«
»Nein, ich bin alle Kinder, die wir haben.«

Mutters Schwester ist zu Besuch gekommen, und der kleine Neffe fragt: »Tante, hast du keine Kinder?«
»Nein, mein Junge.«
»Wann kriegst du denn welche, Tante?«
»Überhaupt nicht, mein Junge.«
»Siehste«, sagt er zu seiner Schwester, »ich habe es doch gewußt, daß sie ein Männchen ist.«

Es fragte die Mutter:

»Aber Steffen, hast du denn gar nicht an dein Schwesterchen gedacht, als dir die Oma die vielen Bonbons geschenkt hat?«
»Das schon. Aber erst, als ich alle aufgegessen hatte.«

Maik sieht, wie seine kleine Schwester aus einer Pfütze Wasser trinkt.
Er sagt zu ihr: »Das darfst du nicht tun. Da sind doch Bazillen drin.«
»Nein«, sagt seine Schwester, »die Bazillen sind alle tot. Ich bin nämlich vorher dreimal mit dem Roller durchgefahren.«

Vor einer Bedürfnisanstalt stehen zwei Geschwister. Der Junge hält seiner Schwester eine Münze vor die Nase und fragt: »Also, was willst du jetzt – Pipi machen oder ein Eis?«

*

»Du, Sabrina, wollen wir mal wieder Vatis Zigarren verstecken?«
»Au prima, dann lernen wir so viele neue tolle Schimpfwörter, die wir noch nicht kennen.«

*

Mutti kommt ins Kinderzimmer und fragt: »Was macht ihr denn da?«
»Wir spielen Doktor.«
»Und was macht Angela oben auf dem Schrank?«
»Die haben wir zur Erholung in die Berge geschickt.«

Es fragte der Vater:

»Du behauptest also, daß dein Bruder den Streit vom Zaun gebrochen hat?«
»Den Streit nicht, Vati, aber die Latten.«

Die Geschwister dürfen zusammen baden. Plötzlich hört die Mutter aus dem Badezimmer ein gewaltiges Geschrei. Sie öffnet die Tür und fragt: »Was macht ihr denn bloß, daß Inge so laut brüllt?«
»Wir spielen Schiffbruch, Mutti, und Inge will nicht ertrinken.«

In einem Spielzeuggeschäft läßt sich Thereschen eine neue Puppe vorführen, und die Verkäuferin sagt: »Diese Puppe kann gehen, sprechen, weinen und trinken.«
»Ach«, meint Therese, »das alles kann meine kleine Schwester auch. Ich hätte lieber eine richtige Puppe.«

*

Günter und Heidrun sind zwei besonders lebhafte Kinder. Onkel Paul, der zu Besuch ist, wirft ihnen diese Tatsache vor und stellt gleichzeitig zwei Nachbarskinder als leuchtende Beispiele hin.
Gelassen hören die beiden Geschwister dem Onkel zu, dann sagt Heidrun: »Bei uns ist das anders. Wenn wir mal ganz brav sind, kommt sofort Mutti mit dem Thermometer und mißt unsere Temperatur, weil sie glaubt, daß wir krank sind.«

*

Mutti vermißt eines der Kinder und fragt: »Wo ist denn Karl?«
Grinst Ilse und sagt: »Wenn das Eis so dick ist, wie *er* glaubt, ist er beim Schlittschuhlaufen. Und wenn es so dünn ist, wie *ich* glaube, dann schwimmt er.«

*

Im Badezimmer ist großes Gebrüll. Magdalena steht heulend vor der Badewanne, während sich ihre beiden Brüder vergnügt im Wasser tummeln.
»Die Jungs lassen mich nicht in die Wanne«, heult Magdalena.
»Und warum nicht?« fragt die Mutter die Buben.
»Weil wir Unterseeboot spielen und Magdalena kein Periskop hat.«

Jonathan und Nina setzen sich an den Tisch zum Mittagessen. Der Junge bemerkt sofort, daß als Nachtisch nur eine Banane auf dem Tisch liegt und beginnt augenblicklich zu heulen.

»Warum weinst du denn?« fragt die besorgte Mutter.

»Weil für Nina keine Banane da ist.«

*

Nachdem das Telefon mehrmals geklingelt hat, hebt der kleine Mathias ab und sagt: »Mutti ist nicht zu Hause. Ich bin ganz allein mit meiner Schwester in der Wohnung.«

»Dann hol mir mal deine Schwester an den Apparat«, bittet der Anrufer.

Nach einer langen Pause meldet sich Mathias wieder: »Tut mir leid, ich kriege sie nicht aus dem Laufstall heraus.«

*

»Nun, Rolf«, sagt der Bräutigam zum kleinen Bruder seiner Braut, »tut es dir nicht leid, daß ich dir deine Schwester wegnehme?«

Rolf muß keine Sekunde nachdenken und erwidert: »Leid tust nur du mir.«

*

Die Mutter sagt zu ihrem Söhnchen: »Heute hat uns jemand fünfhundert Mark für dein Schwesterchen geboten. Wollen wir es weggeben?«

»Nein«, wehrt Fritzchen ab.

»Aber du könntest dir dafür herrliches Spielzeug kaufen.«

»Nein, nein«, beharrt Fritzchen und fügt hinzu: »Laß sie erst größer werden, dann bekommen wir noch mehr für sie.«

Mensch, hast du einen schmutzigen Hals.
Kein Wunder, ich bin ja auch zwei Jahre älter als du.

Mutter stillt das Baby, und Katrin und Klaus, die vierjährigen Zwillinge, schauen zu.
Nachdenklich meint Katrin: »Warum stillt eigentlich Papa niemals das Baby?«
Weist sie Klaus zurecht: »Das ist doch klar! Oder hast du schon einmal gehört, daß Babys Bier und Wein trinken?«

*

Fritz und Hans haben Polizei und Einbrecher gespielt. Zum Abendessen kommt Hans allein an den Tisch, und die Mutter fragt: »Wo ist denn der Fritz geblieben?«
»Fritz ist im Klo eingeschlossen«, verkündet Hans.
»Was hat er denn?«
»Lebenslänglich!«

Es fragte die Schwester ihren älteren Bruder:

»Warum heißt das eigentlich Muttersprache?«
»Was hat Papa denn schon viel zu sagen?«

Ruth und Ricarda ärgern sich über ihre Mutter, und wütend meint Ruth: »Also eines ist klar: Wenn ich mal groß bin, wird die bei mir bestimmt nicht Oma.«

*

Fritz beobachtet, wie sein kleinerer Bruder den Vater mit den unmöglichsten Fragen löchert, und flüstert ihm leise ins Ohr: »Frag Vati doch mal was Leichtes. Er freut sich diebisch, wenn er was weiß.«

Sebastian übt auf der Geige, und die ganze Familie leidet stumm im Nebenzimmer. Nur der Hund jault in den höchsten Tönen.

Schließlich geht Sebastians Schwester in das Übungszimmer und sagt zu ihrem Bruder: »Kannst du denn nicht endlich einmal etwas spielen, was der Hund noch nicht kennt?«

*

Viktor ist mit seiner kleinen Schwester beim Rodeln am Stadtberg.

Erkundigt sich ein Erwachsener: »Na, läßt du denn dein Schwesterchen auch einmal rodeln?«

»Sicher, wir wechseln uns ab. Sie fährt immer rauf – und ich immer runter.«

*

Daniela hat einen Riesenkorb voller Nüsse, und ihre Schwester bittet sie: »Gib mir auch etwas ab.«

Daniela gibt ihr eine einzige Nuß.

»Warum nur eine?« fragt die Schwester.

Daniela kaut genüßlich weiter und meint: »Die schmecken alle gleich.«

*

Aus dem Kinderzimmer erschallt das markerschütternde Gebrüll des fünfjährigen Richard. Die Mutter spurtet in das Zimmer und erhält auf ihr Frage, was denn los sei, die Antwort: »Julia hat mich ganz schrecklich an den Haaren gezogen.«

Die Mutter besänftigt ihren Sohn: »Julia ist ja noch so klein und weiß nicht, daß das weh tut.«

Nach einer halben Stunde ertönt wieder ein Geschrei. Nun brüllt Julia, und Richard sagt triumphierend: »Nun weiß sie, wie weh das tut!«

»Warum weinst du nicht, wenn Oma dich schlägt?« fragt der große Bruder.
»Weil es überhaupt nicht weh tut.«
»Aber du könntest doch der alten Dame eine kleine Freude machen, wenn du wenigstens etwas heulst.«

*

Zwei Geschwister, böse aufeinander, sitzen am Tisch, und die Mutter sagt zu dem einen: »Thomas, strafe deinen Bruder mit Verachtung, wenn er so ungezogen ist.«
Nach einer Weile sagt der kleine Martin: »Mutti, Thomas straft mich oben mit Verachtung – und unten tritt er mich immer an das Knie.«

Es fragte der Bruder:

»Du, Helga, wollen wir verheiratet spielen?«
»Geht nicht. Wir dürfen keinen Krach machen.«

»Mutti, ist unser neues Baby vom Himmel gekommen?«
»Natürlich.«
»Ich verstehe. Dort oben wollten sie diesen Schreihals nicht behalten.«

*

Jochen und Benjamin nutzen Mutters Abwesenheit, um ausgiebig zu naschen. Plötzlich donnert und blitzt es gewaltig.
»Schreck laß nach«, jammert Jochen, »jetzt hat uns der Himmel für die Verbrecherkartei fotografiert.«

In einem Restaurant sitzt eine Familie mit zwei Kindern an einem Tisch. Nachdem die Suppe serviert wurde, sagt der Junge plötzlich: »In meiner Suppe schwimmt eine Fliege. Ich kann sie nicht essen.«
Als er seine Suppe nicht zu Ende essen muß, sagt seine Schwester: »Ich will auch eine Fliege in meinem Teller haben.«

*

Der sechsjährige Peter und die vierjährige Silvia spielen zusammen. Peter entdeckt Muttis Puderdose und will die Quaste benutzen. Weist ihn Silvia zurecht: »Das darfst du nicht! Männer müssen sich waschen.«

*

Weil Konrad zwölf Jahre alt wurde, durfte auch sein kleiner Bruder länger aufbleiben.
Kurz vor Mitternacht wurde er schläfrig und gähnte immer wieder. »Mutti«, bat er schließlich, »bring mich doch endlich ins Bett. Ich habe genug vom Nachtleben.«

*

Wehmütig hält Steffen seinen ersten ausgefallenen Milchzahn seiner Schwester vor die Nase und meint: »Ja, ja, Babs, man wird halt alt.«

*

Zwei Brüder beobachten, wie sich eine sehr korpulente Dame in der Apotheke auf eine Waage stellt und erschrocken auf die Anzeige blickt. Mit der Waage stimmt etwas nicht, denn sie zeigt gerade einmal zwanzig Kilo an.
Stupst Rüdiger seinen Bruder an und sagt: »Ich weiß, was los ist. Die Dicke ist innen hohl.«

Maximilian zu Agnes: »Wetten, daß ich heute die Mathematikarbeit schaffe?«
»Bist du sicher?«
»So sicher, wie zwei mal zwei fünf ist.«

*

Heinis kleine Schwester brüllt aus Leibeskräften.
»Na«, sagt er zu seiner Mutter, »wer die einmal bekommt, hat auch nichts zu lachen.«

*

Die Tante hat Angela eine Puppe geschenkt, aber vergessen, das Preisschild vom Po der Puppe zu entfernen.
Als Angela mit ihrem Bruder wieder allein ist, hebt sie ihr Röckchen hoch und meint: »Zieh mir mal den Schlüpfer runter und schau nach, was ich gekostet habe.«

*

Die leicht entnervte Mutter hält sich die Ohren zu, als sie das Wohnzimmer betritt, in dem ihre Kinder spielen.
»Was macht ihr denn für einen Lärm?«
»Wir spielen Vater und Mutter.«
Die Mutter schaut sich um und fragt dann: »Wo ist denn überhaupt das Fritzchen?«
»Der liegt unter dem Sofa und wartet, bis er auf die Welt kommt.«

*

»Wo ist dein Bruder?«
»Im Krankenhaus.«
»Was fehlt ihm?«
»Wir hatten gewettet, wer sich am weitesten aus dem Fenster lehnen kann, und er hat gewonnen.«

Der kleine Kevin sieht zu, wie seine Mama dem kleinen Schwesterchen die Windeln wechselt. Erstaunt beobachtet er, daß seine Mutter diesmal das Baby wickelt, ohne es mit Puder zu bestäuben, wie sie es sonst immer tut.
»Mama«, platzt da Kevin ganz entsetzt heraus, »du hast ja vergessen, es zu salzen!«

Es sagte die Mutter zu ihren Kindern:

»Im neuen Jahr wünsche ich mir zwei artige Kinder.«
»Prima, dann sind wir vier.«

Jörg und sein älterer Bruder haben eine Vase zertrümmert. Sagt der Bruder: »Wer soll es denn nun den Eltern beichten?«
Jörg: »Du natürlich. Du kennst sie doch viel länger.«

*

»Ich habe mir jetzt die Haare ganz kurz schneiden lassen, damit ich mich morgens nicht mehr so lange kämmen muß«, erklärt Bärbel ihrem Bruder.
»Schön blöd! Dafür mußt du dir nun jeden Morgen den Hals waschen.«

*

»Aber Karlheinz«, sagt die Tante, »du hast deinem Schwesterchen ja doch den kleineren Apfel gegeben. Habe ich dir nicht gesagt, du sollst sie wählen lassen.«
»Ich habe sie doch wählen lassen: entweder gar keinen oder den kleineren.«

»Vati, warum hast du nicht lieber ein Brüderchen beim Klapperstorch bestellt?«

»Ja gefällt dir denn das neue Schwesterchen nicht?«

»Doch, gefallen tut es mir schon, aber der Peter von nebenan hat auch gerade ein Schwesterchen bekommen, und wenn ich ihm nun erzähle, daß ich auch eins habe, dann sagt er, ich mache ihm alles nach.«

*

Lena heult: »Mami, der Peter hat mich im Bad naßgespritzt!«

»Dann spritz doch einfach zurück.«

»Aber Mami, ich bin doch ein Mädchen.«

*

Christina und Felix spielen im Kinderzimmer, während sich ihre Eltern nebenan im Wohnzimmer aufhalten.

»Du«, flüstert Christina, »jetzt sind wir mal für ein paar Minuten ganz still.«

»Warum?«

»Weil sie das am allermeisten beunruhigt.«

*

»Timmy, warum schreit Dietmar denn schon wieder? Ich habe dir doch gesagt, du sollst alles tun, was dein kleiner Bruder will.«

»Stimmt, Mutti, aber ich habe ihm im Garten ein tiefes Loch gegraben, und jetzt will er, daß ich es ins Haus bringe.«

»Das waren keine Bonbons, Mutti,
das waren seine Vorderzähne«

oder

Die kleinen Raufbolde unter sich

Mit zerrissenem Hemd, blutender Nase und Kratzern im Gesicht kommt Franz nach Hause.

Seine Mutter ist entsetzt: »Wie oft habe ich dir gesagt, du sollst mit diesem bösen Jungen vom Nachbarhaus nicht spielen.«

»Mutti, sehe ich vielleicht so aus, als ob ich mit ihm gespielt hätte?«

*

Tobias hat seinem Bruder in den Bauch getreten. Der Vater bestraft ihn dafür mit einer Ohrfeige.

Verteidigt sich Tobias: »Hans ist selbst schuld. Warum dreht er sich auch um?«

*

Der kleine Max kommt mit blutender Nase nach Hause, und seine Mutter erkundigt sich: »Was ist denn mit dir passiert?«

»Ein Junge hat mich gebissen.«

»Würdest du ihn wiedererkennen?«

»Aber selbstverständlich. Ich habe doch einen Teil von seinem Ohr in meiner Tasche.«

*

Werner kommt mit zerrissener Kleidung und blauen Flekken nach Hause.

»Du hast dich schon wieder mit einem Jungen geprügelt«, stellt die Mutter voller Verzweiflung fest. »Wie oft habe ich dir schon gesagt, daß du immer besonnen bleiben mußt und erst bis zehn zählen sollst, wenn du merkst, daß du die Beherrschung verlierst.«

»Das habe ich auch gemacht«, verteidigt sich Werner. »Aber die Mutter von dem anderen Jungen, mit dem ich diese Auseinandersetzung hatte, muß ihm geraten haben, nur bis fünf zu zählen.«

»Was ist denn los, warum weinst du so?«
»Mein Zwillingsbruder hat mich verhauen. Das habe ich meinem besten Freund erzählt, und der hat versprochen, ihn nach der Schule in die Mangel zu nehmen.«
»Na und?«
»Der Idiot hat uns verwechselt.«

*

Er kommt mit einem Kratzer im Gesicht zu seiner Mutter, und die sagt: »Mein armer Junge. Wer hat dich denn so zugerichtet?«
»Der Junge von nebenan, der mit der zerrissenen Jacke, dem ausgeschlagenen Zahn und dem blauen Auge.«

Es fragte die Nachbarin:

»Warum bewirfst du den Jungen dort drüben mit Steinen?«
»Ich darf nicht näher rangehen, weil er Grippe hat.«

»Vati, heute hat einer behauptet, daß ich dir ähnlich sehe.«
»Und was hast du geantwortet?«
»Nichts. Ich habe ihm eine runtergehauen.«

*

»Gestern bin ich wie ein Blöder durch die Gegend gerannt, um zu verhindern, daß sich zwei Jungen prügeln.«
»Und hast du Erfolg gehabt?«
»Ja, der andere hat mich nicht eingeholt.«

»Das finde ich aber gut, daß du dich mit dem Jungen aus der Nachbarschaft, der gerade mit seinen Eltern eingezogen ist, so gut verstehst. Hast du ihm vorhin zum Abschied Bonbons geschenkt?«
»Das waren keine Bonbons, Mutti, das waren seine Vorderzähne.«

*

»Mutti, kann ich runtergehen und mit Werner spielen?«
»Nein. Du weißt, daß mir dieser Werner nicht gefällt.«
»Kann ich dann runtergehen und ihn verhauen?«

*

Der kleine Mischa kommt mit einem blauen Auge nach Hause und sagt zu seiner Mutter: »Das stammt von einem der großen Jungs, die mich nicht leiden können.«
»Morgen schenkst du ihm einen Schokoriegel. Dann werdet ihr bestimmt Freunde.«
Am nächsten Tag ist auch Mischas zweites Auge blau.
»Wer war das denn schon wieder?« fragt die Mutter.
»Wieder der große Junge. Er mag keine Schokoriegel.«

*

Heulend kommt Mäxchen zu seiner Mutter. Ein anderer Junge hat ihm einen Stein an den Kopf geworfen.
»Wie könnt ihr euch auch mit Steinen bewerfen!« tadelt die Mutter.
»Der andere Junge hat angefangen«, verteidigt sich Max.
»Und weshalb hast du dann nicht gleich mich gerufen?«
»Warum – triffst du denn besser als ich?«

»Aber Elmar«, schimpft die Mutter, als ihr Sohn mit blutender Nase heimkommt. »Ich habe dir doch schon so oft verboten, dich mit fremden Jungen zu prügeln. Und jetzt hast du auch noch zwei Zähne dabei verloren.«
»Der Junge war mein Freund Fritz«, schluchzt Elmar, »und die beiden Zähne habe ich nicht verloren, sondern in der Hosentasche.«

*

»Warum verträgst du dich nicht mit dem Dieter von nebenan?« fragt die Mutter ärgerlich ihren Jungen. »Ihr könntet doch so schön in Frieden zusammenleben.«
»Das klappt nicht«, erklärt der Sohn. »Er behauptet immer, daß er mich verdreschen kann. Und ich bin der Meinung, daß ich ihn jederzeit verhauen kann. Wie sollen wir das in Frieden miteinander ausmachen?«

Es fragte die Tante:

»Warum spielst du eigentlich immer mit den ungezogensten Kindern?«
»Die Mütter von den artigen Kindern erlauben nicht, daß ich mit ihnen spiele.«

Lothar kommt mit einem blauen Auge und einer zerrissenen Jacke nach Hause.
»Was hat denn Muttis Liebling wieder angestellt?«
»Dein Liebling hat zwei Jungen verhauen, weil sie immer ›Muttis Liebling‹ zu ihm gesagt haben.«

44

Detlef kommt in einem erbärmlichen Zustand nach Hause.

»Was ist passiert?« erkundigt sich seine Mutter.

»Ich hatte ein Duell mit Siegfried und habe ihm die Wahl der Waffen überlassen.«

»Und was hat er gewählt?«

»Seinen großen Bruder.«

*

Zwei Buben balgen sich auf der Straße, und ein älterer Herr sagt zu ihnen: »Wißt ihr denn nicht, daß man auch seine ärgsten Feinde lieben muß?«

»Aber wir sind keine Feinde«, klärt ihn einer der beiden Jungen auf. »Wir sind Brüder.«

*

»Hast du Freunde?« erkundigt sich die Tante.

»Keinen einzigen!«

»Warum denn nicht?«

»Die, die ich verhauen kann, wollen nicht mit mir spielen, und von denen, die mich verdreschen können, will ich nichts wissen.«

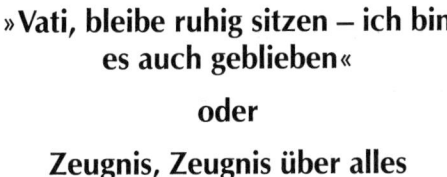

»Vati, bleibe ruhig sitzen – ich bin
es auch geblieben«

oder

Zeugnis, Zeugnis über alles

Oliver kommt von der Schule nach Hause und fragt: »Vati, kannst du eigentlich auch im Dunkeln schreiben?«
»Ich glaube schon.«
»Prima. Dann warten wir bis spät abends, machen das Licht aus – und dann unterschreibst du mein Zeugnis.«

*

Fritz kommt mit seinem Zeugnis nach Hause. Er bleibt unter der Wohnungstür stehen und ruft laut: »Vati, bleibe ruhig sitzen. Ich bin es auch geblieben.«

Es fragte Frau Weppelmann ihren Herrn Gemahl:

»Weshalb versteckst du denn seit einiger Zeit deine Zeugnisse?«
»Unser Sohn kann jetzt lesen.«

»Na, wie ist denn dein Zeugnis ausgefallen?«
»Gar nicht so schlecht, Vati. Alle müssen die Klasse verlassen, aber ich darf noch ein weiteres Jahr bleiben.«

*

»Ihr habt doch heute Zeugnisse bekommen«, sagt der Vater.
»Ja, Papa«, bestätigt der Sohn.
»Kann ich es vielleicht einmal sehen?«
»Selbstverständlich«, sagt der Sohn, übergibt seinem Erzeuger das Schicksalspapier und fügt kleinlaut hinzu: »Und das Fernsehen macht mir in der letzten Zeit ohnehin keinen Spaß mehr.«

»Du hast ja in deinem Zeugnis radiert«, wundert sich der Vater.

»Stimmt«, gibt der Sohn zu. »Ich habe aus den Vierern lauter Einser gemacht. Aber nur deshalb, weil mich mein Lehrer aufgefordert hat, mein Zeugnis zu verbessern.«

*

Empört sagt der Vater: »Für ein solches Zeugnis müßte es Prügel geben.«

»Einverstanden«, sagt der Sohn. »Mein Lehrer wohnt gleich um die Ecke.«

*

Es fragte der Vater seinen Sohn: »Wo ist denn dein Zeugnis, Fridolin?«

»Das habe ich Franz geliehen. Er will damit seinen Vater erschrecken.«

Es seufzte Frau Bossel beim Anblick des Zeugnisses:

»Immer bringt er mir von der Schule das mit, was ich mir im Lotto jede Woche wünsche: lauter Vierer und Fünfer.«

Der Sohn bringt ein sehr, sehr schlechtes Zeugnis mit nach Hause und zeigt es seinem Vater.

Der Vater sagt kein Wort, geht an seinen Schreibtisch, zieht ein Schubfach heraus, entnimmt ihm eines seiner hervorragenden Zeugnisse und zeigt es seinem Sohn.

Der junge Mann schaut sich das Dokument des väterlichen Fleißes unbeeindruckt an und meint: »Du hast sicherlich auch gescheitere Eltern gehabt.«

Der Filius kommt mit einem grauenvollen Zeugnis nach Hause.

Empört sagt sein Vater: »Du bist der größte Faulenzer aller Zeiten!«

Mischt die Mutter sich ein: »Vater, vergiß dich nicht.«

Es fragte die Nachbarin:

»Ist Ihr Kind versetzt worden?«

»Nein. Aber sein Zeugnis war das beste von allen Schülern, die nicht versetzt wurden.«

Das Töchterchen des Eislauftrainers kommt mit dem Zeugnis nach Hause.

»Na, wie sieht es denn aus?« fragt der Vater.

»Du wirst sehr zufrieden sein, Vati. Es ist sogar eine Sechs darunter.«

*

»Mutti«, sagt Klein Felix, »könntest du heute vielleicht Vatis Lieblingsessen kochen?«

»Warum denn?«

»Heute gibt es Zeugnisse.«

*

»Papi, stimmt es, daß du mit dem Vater meines Freundes Fritz immer in derselben Klasse gewesen bist?«

»Ja.«

»Aber wie ist es dann zu erklären, daß der Vater meines Freundes auch immer das beste Zeugnis von allen Schülern hatte?«

»Wie haben denn deine Eltern das Zeugnis aufgenommen, Ursula?«
»Bei den Fünfen blieben sie ganz cool. Aber über die Eins im Sexualunterricht haben sie sich schrecklich aufgeregt.«

*

Das Zeugnis ist grauenvoll, und der Vater wäscht seinem Sohn gehörig den Kopf.
Der Kleine hört sich alles in Ruhe an und fragt dann: »Was meinst du, Vati, woran es bei mir liegen könnte: Umwelteinflüsse oder Erbfaktoren?«

Es tadelte die Mutter:

»Gisela, dein Zeugnis gefällt mir überhaupt nicht.«
»Mir auch nicht, aber Hauptsache, wir haben den gleichen Geschmack.«

Klein Susis Zeugnis ist nicht schlecht, aber trotzdem wirft ihr der Vater vor: »Wenn du nicht so faul wärst, könntest du glatt die Klassenbeste sein!«
Kontert die Tochter: »Und du – bekommst du etwa in deiner Firma das höchste Gehalt?«

*

Das Zeugnis, das Otto heimbringt, ist so schlecht, daß ihm sein Vater eine kräftige Ohrfeige verpaßt und ihn danach fragt: »Weißt du auch, wofür die war?«
Mault der Sohn: »Das ist ja unglaublich. Erst haust du mich, und dann weißt du nicht einmal, warum!«

Der Sprößling kommt nach Hause und sagt zu seinem Vater: »Ich gratuliere dir.«
»Wozu denn?«
»Zu dem Moped. Es gehört dir.«
»Wieso denn?«
»Na, du hast mir doch so einen Flitzer versprochen, wenn ich versetzt werden würde.«
»Und?«
»Der Kauf hat sich erübrigt.«

*

»Peter«, sagt der Vater, »wenn du diesmal ein gutes Zeugnis mit nach Hause bringst, darfst du in den Ferien zu Tante Anne nach Amerika fliegen.«
»Weißt du, Vati, daheim ist es auch ganz schön.«

*

Die Mutter schaut ihre Tochter wütend an und sagt: »Wie kann man nur so faul und schlampig sein wie du und mit einem so fürchterlichen Zeugnis nach Hause kommen?«
Motzt die Zwölfjährige: »Das kommt daher, daß du einen solchen Kerl geheiratet hast. Es sind Papis Gene, die bei mir durchschlagen.«

*

Fritzchen bringt sein erstes Zeugnis nach Hause. Sein Vater liest es durch und meint: »Überall eine Zwei, nur bei Betragen mangelhaft. Da müßte aber auch eine Zwei stehen.«
Erwidert Fritzchen: »Das mußt du meinem Lehrer sagen. Ich habe das nicht hingeschrieben.«

»Vati, erinnerst du dich daran, daß du einmal sitzenge-
blieben bist?«
»So ganz dunkel«, gibt der Vater verlegen zu.
»Merkwürdig, daß sich doch alles wiederholt.«

*

Der Nachhilfelehrer sagt zu Ralfs Vater: »Ich bekomme
vierzig Mark für die Stunde. Und bei einem guten Zeugnis
ist noch ein Extrabonus fällig.«
Ist sich Ralf sicher: »Der wird bei uns nichts extra verdienen.«

*

Vater Krummbiegel liest das Zeugnis seines Sohnes und
sagt: »Ich vermisse da eine Eins.«
Insistiert der Sohn: »Eine Eins – wofür denn?«
»Für den Mut, mir so ein schlechtes Zeugnis vorzulegen.«

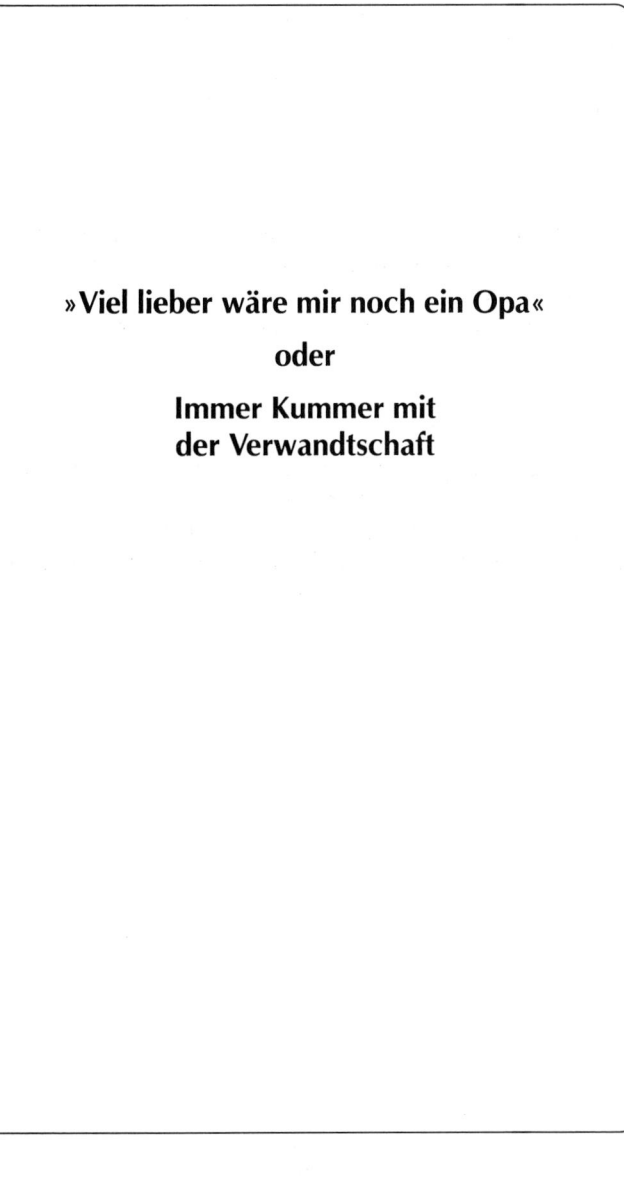

»Viel lieber wäre mir noch ein Opa«

oder

**Immer Kummer mit
der Verwandtschaft**

Melanie hat sich in einem Kaufhaus verlaufen und heult fürchterlich.

»Bist du verlorengegangen?« erkundigt sich eine Verkäuferin.

»Ja«, schluchzt Melanie. »Ich hätte nicht mit der Oma mitgehen sollen, denn irgend etwas verliert die immer.«

*

Tante Auguste ist zu Besuch gekommen, und beim Abendessen fragt die kleine Simone: »Du, Tante, wo hast du denn deinen Senf?«

»Meinen Senf?« fragt die Tante erstaunt.

»Ja«, bekräftigt Simone. »Erst gestern hat Papa wieder gesagt, daß du zu allem deinen Senf dazugeben mußt.«

*

Frau Irlesberger geht mit ihrer Mutter und ihrem kleinen Sohn im Wald spazieren, als Rüdiger sagt: »Ich muß mal.«

»Komm, wir gehen hinter einen Baum«, sagt seine Mutter.

»Nein, ich will lieber mit der Oma gehen.«

»Aber warum denn?«

»Der zittert immer so schön die Hand.«

*

Der Opa verwöhnt seinen einzigen Enkelsohn nach Strich und Faden, er nimmt sich Zeit für ihn und spielt stundenlang mit ihm.

Als die Mutter eines Tages ihren Sohn fragt, ob er vielleicht noch ein Geschwisterchen haben möchte, schüttelt Thomas energisch den Kopf und meint: »Viel lieber wäre mir noch ein Opa.«

Als Manfred seine Tante besucht, klingelt, und die Tante die Tür öffnet, ist sie sehr erstaunt und sagt: »Ach, du bist es. Ich dachte, es wäre der Briefträger.«
Einige Tage später verreisen Manfreds Eltern, und er übernachtet bei seiner Tante. Morgens ist er schon früh wach und klettert zu seiner Tante ins Bett. Schlaftrunken murmelt diese: »Ach, du bist es...«
»Und du hast sicher gedacht, es wäre der Briefträger.«

Es fragte die Oma ihre Enkelin:

»Na, wie geht es dir denn?«
»Ach, eigentlich ganz gut. Nur mit deiner Tochter habe ich öfter Streit.«

Opa Trautner hört, daß sich seine vier Enkelkinder heftig streiten, und fragt: »Worum geht es eigentlich?«
»Wer die größte Lüge erzählt, bekommt eine Tüte Bonbons«, erklärt Hans-Peter.
»Aber Kinder, als ich so alt war wie ihr, wußte ich noch nicht einmal, was eine Lüge ist.«
»Fritz«, schlägt Hans-Peter vor, »gib dem Opa die Bonbons.«

*

»Sieh mal einer an«, begrüßt Tante Constanze den kleinen Michael. »Ich kann mich noch ganz genau daran erinnern, wie du auf die Welt gekommen bist. Das war an einem Donnerstag.«
»Das kann nicht sein«, widerspricht Michael. »Donnerstags habe ich immer Klavierunterricht.«

Dagmar sieht, wie ihr Opa sein Gebiß reinigt.
»Kann man dich noch weiter auseinandernehmen, Opi?«
fragt sie erstaunt.

*

»Fritzchen«, sagt Tante Marianne und streicht ihrem artigen Neffen sanft über das Haar, »du bist doch mein einzi-
ger Sonnenschein.«
»Nein, Tante«, widerspricht er, »ich scheine für die ganze
Familie.«

*

»Großvater, warst du auch einmal klein?«
»Aber selbstverständlich.«
»Mußt du aber ulkig ausgesehen haben.«
»Wieso denn?«
»Mit dem langen Bart und der altmodischen Brille.«

*

Margarete will ihr Gesicht nicht waschen, und die Oma
schimpft: »Schämst du dich nicht? Als ich so alt war wie
du, habe ich jeden Tag mein Gesicht zweimal gewaschen.«
»Na – und wie siehst du heute aus?«

*

»Tante Else, stimmt es, daß du früher Schriftstellerin
warst?«
»Wie kommst du denn darauf?«
»Weil Papa einmal gesagt hat, du hättest früher ganz
schöne Geschichten gemacht.«

Klein Ulrich ist während der Ferien zu Besuch bei seiner Oma. Er stellt das Haus auf den Kopf und tobt von morgens bis abends herum. Schließlich wird es der Großmutter zuviel, und sie schimpft: »Du bist doch ein richtiger kleiner Teufel!«
Der Enkel hält kurz inne, schaut seine Oma an und sagt: »Und du bist meine Großmutter!«

Es tadelte die Mutter:

»Warum hast du denn kein Besteck für Onkel Heinrich aufgelegt?«
»Nicht nötig, Mami, du hast doch gesagt, der frißt wie ein Pferd.«

»Darf ich in den Hof gehen und mit den Kindern spielen?« erkundigt sich Claudia bei ihrer Mutter.
»Nein, du bleibst hier«, bestimmt die Mutter.
Da mischt sich die Oma ein: »Laß sie doch noch eine halbe Stunde gehen.«
»Nein. Sie muß lernen, ihrer Mutter zu gehorchen.«
Meint Claudia: »Und warum gehorchst du deiner Mutter nicht?«

*

Die Kinder spielen Indianer und Cowboy. Der Opa, der sie beobachtet, fragt, ob er auch mitspielen könne und meint: »Ich könnte doch ein Cowboy sein.«
Einer der Jungen sieht skeptisch auf Opas Glatze und stellt bedauernd fest: »Geht leider nicht, du bist ja schon skalpiert.«

»Könntest du nicht einmal die Augen zumachen?« bittet der kleine Kurt seine Großmutter.

»Warum denn?«

»Papi hat gesagt, daß wir viel Geld bekommen, wenn du die Augen schließt.«

*

Tante Amalie ist zu Besuch und fragt ihren Neffen: »Wie alt bist du eigentlich?«

»Sieben Jahre.«

»Und was willst du einmal werden?«

»Acht.«

*

Onkel Fridolin kommt zu Besuch. Kaum ist er da, beginnt die fünfjährige Barbara Kissen, Decken und einen Heizofen heranzuschleppen, mit denen sie den Onkel einpackt und bestrahlt.

»Ich friere doch überhaupt nicht«, wundert sich der Onkel. »Warum machst du denn das?«

»Vati hat gesagt: ›Wir müssen uns den Onkel Fridolin gut warmhalten.‹«

*

Zahlreiche Tanten haben sich versammelt, um mit der kleinen Anna Geburtstag zu feiern. Sie hat eine große Packung Konfekt geschenkt bekommen, und ihre Mutter fordert sie auf, den anwesenden Tanten eine Kostprobe anzubieten.

Die erste Tante lehnt dankend ab, die zweite und dritte auch, und die vierte Tante übergeht Anna stillschweigend.

Sagt die Mutter: »Aber Anna, warum bietest du Tante Ursula nichts an?«

»Mutti, die nimmt!«

Na, Richard du bist ja heute so still?
Ja, weißt du, Mami hat mir fünf Mark versprochen, wenn ich nichts über die komische Warze an deiner Nase sage.

Die Oma ist zu Besuch und stellt während des Mittagessens fest, daß ihr Enkel ständig mit vollem Mund redet. Deshalb fragt sie ihn: »Wie kann man nur mit vollem Mund reden?«

»Ganz einfach, Oma: trainieren, trainieren und noch einmal trainieren!«

*

»Kannst du eigentlich noch richtig kauen, Opa?«
»Nur mit großer Mühe und sehr ungern.«
»Dann kannst du ja mal mein Schinkenbrot so lange halten, bis ich zurückkomme.«

*

Ludwig sieht, wie der Arzt die Großmutter, die nur noch mit Hilfe einer Krücke gehen kann, den Blutdruck mißt.
»Was macht der denn da?« will er von seinem Bruder wissen.
»Ist doch klar. Der pumpt Oma auf, damit sie wieder laufen kann.«

Es sagte der Enkel zu seinem Großvater:

»Entweder ich kriege jetzt sofort ein Eis, Opa, oder ich kündige dir den Generationenvertrag.«

Als der Junior die Tür öffnet, steht Tante Gustava mit Sack und Pack draußen.
»Ich will euch überraschen«, verkündet sie.
Murrt der Junior: »Das befürchten wir schon seit einiger Zeit.«

Die kleine Sophie gratuliert ihrem Onkel zum Geburtstag und singt ihm ein Liedchen vor. Der Onkel bedankt sich bei ihr und fragt sie, um zu testen, ob sie bereits Geld unterscheiden kann, ob sie lieber die Münze, ein Fünfmarkstück, oder das Bildchen, einen Zehnmarkschein, haben möchte.

Antwortet Sophie: »Ach, Onkel, wickle mir doch bitte das Geldstück in das Bildchen ein.«

*

»Oma, du mußt unbedingt mitspielen«, bitten die beiden Enkelsöhne.
»Was spielt ihr eigentlich?«
»Bären im Zoo.«
»Und was soll ich dabei tun?«
»Du bist die nette alte Dame, die den Bären Pralinen zuwirft.«

Es fragte der Enkel:

»Großmutter, soll man nicht stets Böses mit Gutem vergelten?«
»Immer, mein Liebling.«
»Dann gib mir zehn Mark. Ich habe deine Brille zerbrochen.«

An der Haustür steht ein Vertreter und sagt zur Großmutter: »Hier habe ich ein Mittel für Sie, das Sie auf einen Schlag mindestens zwanzig Jahre jünger macht.«
Sagt der Enkel, der das Gespräch gehört hat: »Kauf das Mittel nicht, Oma, sonst verlierst du ja deine Rente.«

»Kleine Mädchen müssen brav sein«, sagt die Oma zur Enkelin. »Denk immer an Rotkäppchen. Da kam der Wolf und hat es gefressen.«

»Stimmt. Aber zuerst war die Großmutter dran!«

Es fragte die Tante:

»Na, Richard, du bist ja heute so still?«
»Ja, weißt du, Mami hat mir fünf Mark versprochen, wenn ich nichts über die komische Warze an deiner Nase sage.«

An jedem Ersten des Monats geht der Großvater zur Bank und holt sich etwas von seiner Rente ab. Wenn er danach zu seinem Sohn zurückkommt, bei dem er wohnt, schenkt er seinem Enkel zehn Mark.

Als sich der alte Herr wieder einmal auf den Weg macht, fragt ihn sein Enkel: »Opa, bringst du mir heute auch wieder meine Rente mit?«

*

»Wenn ich gähne, halte ich immer die Hand vor den Mund«, belehrt die Großmutter den Enkel.

»Das habe ich nicht nötig, meine Zähne sitzen noch fest.«

*

»Oma, wenn du mir eine Mark gibst, mache ich eine Henne nach.«

»Hier hast du eine Mark. Und nun gackere einmal los!«

»Wieso gackern? Ich esse einen Regenwurm.«

»Onkel, du bist nicht verheiratet?«
»Nein, mein Junge.«
»Und wer sagt dir dann, was du nicht tun darfst und unbedingt tun mußt?«

*

»Na, Fritzchen«, sagt die Tante, »was hat dein Vater gestern abend gesagt, als ich noch so spät zu Besuch kam?«
»Man soll den Tag nicht vor dem Abend loben.«

*

Fragt die Mutter: »Was ist das denn hier für ein Lärm?«
Erwidert der Sohn: »Ach, Opa erklärt nur Vati, wie meine Hausaufgaben zu machen sind.«

*

Die kleine Lea schleicht um ihre Tante herum und fragt schließlich: »Wo bist du denn kaputt?«
»Wie kommst du denn darauf?«
»Papa hat gesagt, du wärst ganz schön gerissen.«

*

Behauptet Jochen: »Meine Großmutter ist wie eine Zeitung.«
»Verstehe ich nicht.«
»Na, sie erscheint täglich.«

*

Demnächst soll Klein Lea Klavierunterricht bekommen. Die Oma weiß nichts von diesem Vorhaben, fragt aber zufällig, als sie zu Besuch kommt: »Bist du eigentlich musikalisch, Lea?«
»Nein, noch nicht, aber in zwei Wochen.«

»Oma, erzähle mir ein Märchen«, bittet Fritzchen vor dem Einschlafen.

»Es war einmal ein alter Schweinehund...«, fängt die Oma an.

»Nein, nein«, unterbricht sie Fritzchen. »Erzähle nicht immer von Opa, sondern lieber davon, wie du damals die Reeperbahn unsicher gemacht hast.«

*

Es sagt die Mutter: »Wenn du Opa nicht sofort einen Kuß gibst, mußt du ins Bett gehen.«

»Na, dann mal gute Nacht allerseits!«

*

Der kleine Markus schreibt mühsam einen Brief an seinen Großvater.

Fragt die Mutter: »Warum malst du so große Buchstaben?«

»Weil der Opa schwerhörig ist.«

Es fragte die Tante, die zu Besuch kam:

»Erkennst du mich wieder, Ninchen?«
»Natürlich! Du bist doch die, die mir vor einem Jahr auch nichts mitgebracht hat.«

»Tante, zeig mir doch einmal dein Gewehr«, bittet der Neffe.

»Gewehr?« wundert sich die Tante. »Ich habe doch kein Gewehr. Wie kommst du denn auf diese Idee?«

»Vati hat gesagt, du seist immer auf Männerjagd.«

»Ich gehe zu meinem
Storch zurück«

oder

Mit Eltern ist
schlecht Kirschen essen

Axel hat zum Geburtstag ein Fahrrad geschenkt bekommen. Während die Mutter vom Fenster aus zusieht, probiert er es überglücklich aus und dreht Runde um Runde um den Block.

»Schau her!« ruft er nach der fünften Runde im Vorbeifahren seiner Mutter zu: »Jetzt fahre ich ohne Hände.«

Zwei Runden später verkündet er: »Jetzt ohne die Füße!«

Voller Stolz ruft er nach der zehnten Runde: »Jetzt geht es sogar ohne Hände und ohne Füße.«

Nach der zwölften Runde versteht ihn seine Mutter kaum noch, weil er ziemlich undeutlich hochruft: »Und jetzt ohne Zähne!«

*

Die kleine Monika ärgert immer ihre Mutter.

»So wie du mich jetzt ärgerst, werden es auch einmal deine Kinder mit dir tun«, erklärt ihr die Mutter.

Wundert sich Monika: »Da mußt du bei deiner Mutter arg böse gewesen sein.«

*

Eine Mutter von vier Kindern sagt in einem Kaufhaus zum Fahrstuhlführer: »In die Kinderabteilung, bitte.«

Schaut sie ihr Jüngster entsetzt an und fragt: »Haben wir denn noch nicht genug, Mutti?«

*

Die siebenjährige Ella soll nicht naschen.

»Du mußt wissen«, sagt ihre Mutter, »daß der liebe Gott alles sieht und mir jeden Abend verrät, wenn du unerlaubt genascht hast.«

»Stimmt nicht«, widerspricht die Kleine. »Vorgestern und gestern habe ich auch genascht, und da hat dir der liebe Gott offensichtlich nichts verraten.«

73

Frau Radebach hat ein zweites Mal geheiratet. Nach ein paar Wochen fragt sie ihre kleine Tochter: »Na, wie gefällt dir denn dein neuer Papa?«

»Ganz prima«, ist die Kleine begeistert. »Heirate nur so weiter.«

*

Völlig verdreckt kommt Jens vom Fußballspielen nach Hause.

Seine Mutter deutet stumm auf das Badezimmer, aber der Knirps schüttelt den Kopf und sagt: »Waschen ist sinnlos. Das Rückspiel ist schon in zehn Tagen.«

*

Als die kleine Elke von der Schule nach Hause kommt, klagt sie über Bauchschmerzen.

»Das kommt davon, weil du heute mit leerem Magen zur Schule gegangen bist«, erklärt ihr die Mutter.

Abends kommt der Vater nach Hause und sagt, daß er schon den ganzen Tag heftige Kopfschmerzen habe.

Sagt Elke zu ihm: »Das kommt davon, Papi, weil du nichts im Kopf hast.«

*

Der dreijährige Peter hört es gern, wenn jemand sagt, daß er viel älter aussehe.

Als seine gerade zwanzig Jahre alt gewordene Tante zu Besuch kommt, bestürmt er sie sofort mit der Frage: »Was meinst du, wie alt ich aussehe?«

Die Tante sagt: »Peterle, du siehst wirklich aus wie ein mindestens sechsjähriger Junge.«

Peterle schwillt an vor Stolz, schaut zu seiner Tante in die Höhe und verkündet: »Und du siehst aus wie wenigstens hundert!«

Na, wie gefällt dir denn dein neuer Papa?
Prima! – Heirate nur so weiter.

Zornig packt Elfriedchen ihre Puppen, Malbücher und all ihre anderen Sachen in einen Koffer und stürmt zur Haustür. Dort rennt sie ihrem Vater in die Arme.

»Nanu«, sagt der überrascht, »willst du uns verlassen?«

»Ja«, sagt Elfriede trotzig, »weil Mutti mich schlecht behandelt hat, gehe ich jetzt zu meinem Storch zurück.«

Es sagte die Mutter zu ihrem Sechsjährigen:

»Bevor wir zum Zahnarzt gehen, mußt du dir aber noch die Zähne putzen.«

»Etwa auch den, den er mir ziehen wird?«

Die kleine Tochter des Arztes stellt sich immer als »Kind von Doktor Müller« vor. Als ihre Mutter dies von Nachbarn erfährt, bittet sie ihre Tochter: »Laß das lieber. Das hört sich nicht gut an.«

Einige Tage später fragt die neue Trainerin des Sportvereins die Kleine: »Sag mal, bist du nicht die Tochter von Dr. Müller?«

»Das habe ich auch immer geglaubt, aber wie mir meine Mutter gesagt hat, stimmt das offensichtlich nicht.«

*

»Warum heulst du denn so, Kleiner?« fragt die Nachbarin.

»Weil mein Vater von der Leiter gefallen ist.«

»Nun beruhige dich doch und weine nicht mehr. Deinem Vater wird schon nicht viel passiert sein.«

»Aber deshalb weine ich doch nicht. Ich heule, weil meine Schwester diesen Sturz gesehen hat und ich nicht.«

»Deine ewige Fragerei geht mir auf den Geist«, sagt der Vater genervt zu seinem Sohn. »Was wäre wohl passiert, wenn ich meinen Vater immer so gelöchert hätte?«
Meint der Sohn ganz cool: »Dann könntest du jetzt meine Fragen beantworten.«

*

Melanies Eltern sind zu einem Spanferkelessen eingeladen. Als dies die Kleine hört, ist sie ganz begeistert und freut sich: »Spanferkelessen ist prima. Da dürft ihr auch einmal so richtig kleckern, schmatzen und euch von oben bis unten dreckig machen.«

*

Der Vater gibt seinem Sohn eine Ohrfeige und sagt: »Das ist dafür, daß du heimlich eine meiner Zigaretten geraucht hast.«
Fragt der Sohn wütend: »Und was tust du heimlich, wenn ich im Bett liege und du glaubst, ich würde schon schlafen?«
Verlegen kommt die Frage des Vaters: »Na, was denn?«
»Du spielst mit meiner elektrischen Eisenbahn!«

*

»Zwei Ausdrücke will ich von dir nicht mehr hören«, bittet die Mutter ihren Sohn. »Der eine ist ›saublöd‹, der andere ›zum Kotzen‹.«
»Gut, Mami. Und welches sind die beiden Ausdrücke?«

*

Vater geht mit seinem Sohn spazieren und fragt ihn unterwegs: »Gehe ich auch nicht zu schnell?«
»Nein«, keucht der Sohn. »Du nicht, Papa, aber ich.«

Der kleine Sohn erscheint im Wohnzimmer und sagt:
»Du, Vati...«
»Stör mich jetzt nicht«, unterbricht ihn der Vater. »Und
sprich nur, wenn du gefragt wirst!«
»Gut, Vati. Dann frag mich doch bitte, ob Mami die
Treppe heruntergefallen ist.«

Es fragte die Mutter ihren Sohn:

»In der Speisekammer befanden sich gestern noch
zwei Schalen mit Pudding. Heute ist nur noch eine
da. Wie kommt das?«
»Es war so dunkel, Mutti, und da habe ich die zweite
Portion nicht gesehen.«

»Ich muß dir unter vier Augen etwas erzählen, Papa«, sagt
der Sohn verlegen.
»Du meinst wohl unter drei Augen?«
»Wieso, Papa?«
»Na ja, ich soll doch sicher wieder einmal ein Auge zu-
drücken.«

*

»Vati, diesmal wünsche ich mir aber eine richtige Pistole
zum Geburtstag«, fordert der Sohn.
»Du spinnst. Du bekommst höchstens eine Wasserpi-
stole.«
»Ich will aber eine echte«, beharrt der Sohn.
»Nein! Was glaubst du denn überhaupt, wer hier be-
stimmt: du oder ich?«
»Du. Aber wenn ich eine echte Pistole hätte...«

Fritz schaut seiner Mutter beim Backen zu.
»Sag mal, warum sprichst du beim Backen kein Wort?«
will er wissen.
»Was soll ich denn sagen?«
»Du könntest mich ja fragen, ob ich nicht den leckeren
Teig probieren möchte.«

Es bat die Mutter:

»Zu Weihnachten wünsche ich mir, daß du ein
liebes und nettes Mädchen wirst.«
»Zu spät, Mutti. Ich habe dir schon ein Geschenk
besorgt.«

Als Mutti vom Einkaufen zurückkommt, fängt Reginchen
jämmerlich zu weinen an.
»Was ist denn passiert, meine Kleine?« erkundigt sich die
Mutter.
»Ich habe mir schon vor einer Stunde den Finger in der
Tür gequetscht.«
»Und da weinst du erst jetzt?«
»Vorhin warst du ja nicht da.«

*

Zu seinem Geburtstag hat Fabian von seinen Großeltern
eine herrliche Eisenbahnanlage geschenkt bekommen. Er
kann sich jedoch nicht so richtig über das Geschenk
freuen, denn den ganzen Tag über spielt und beschäftigt
sich damit ausschließlich sein Vater.
Als Fabian ins Bett muß, bleibt er unter der Tür stehen und
fragt seinen Vater: »Du, Papa, was willst du eigentlich einmal werden, wenn du groß bist?«

Norbertchen kommt weinend nach Hause, weil ihn die anderen Kinder wegen seiner roten Haare verspottet haben. Die Mutter tröstet ihn: »Dein Haar ist sehr schön, Norbert. Und außerdem hat es der liebe Gott gemacht.«
Schluchzt Norbert: »Bei dem lassen wir aber nichts mehr machen, Mutti.«

*

Mami ist verreist, und abends badet der Vater seine kleine Tochter. Als er sie abtrocknet, sagt er stolz: »So, das haben wir doch ganz großartig auch ohne Mutti erledigt.«
»Ja schon«, stimmt die Tochter zu, »aber Mutti zieht mich halt vorher immer aus, bevor sie mich in die Badewanne steckt.«

*

Vati und Mutti haben gestritten. Es sind böse Worte gefallen. Der Vater hat geschrien und schließlich mit lautem Knall die Tür hinter sich zugeschlagen. Mutti war mit dem siebenjährigen Peter allein.
»Mami«, fragt er, »wie lange bist du schon mit Papi verheiratet?«
»Über zehn Jahre, mein Liebling.«
»Und wie lange mußt du denn noch?«

*

Der kleine Andreas soll aus dem Keller Bier holen, aber er läßt sich viel Zeit.
»Jetzt geh endlich!« fordert ihn sein Vater auf. »Du hast doch viel jüngere Beine als ich.«
»Wäre es nicht gescheiter, erst einmal die alten aufzubrauchen?«

»Vati«, fragt Edmundchen, »was ist eigentlich ein Jungge-
selle?«

»Ein unverheirateter Mann.«

»Und einen verheirateten Mann – wie nennt man den,
Vati?«

»Jetzt hör aber auf!« fährt ihn der Vater an. »Solche Ausdrücke braucht man in deinem Alter wirklich noch nicht
zu wissen.«

*

»Wie gefällt dir denn dein neuer Vati, Stephan?« fragt die
Mutter vorsichtig.

»Es geht schon so«, kommt die nicht gerade enthusiasti-
sche Antwort.

»Aber er hat doch schön mit dir gespielt. Du bist auf ihm
geritten wie auf einem richtigen Pferd.«

»Schon, aber als ich ihm ein Hufeisen annageln wollte, hat
er ziemlich blöd aus der Wäsche geschaut.«

*

»Mutti, bist du sehr müde?«

»Ich bin so müde, daß ich kaum noch die Hände bewegen
kann.«

»Wenn das so ist, kann ich dir ja gestehen, daß ich vorhin
unsere kostbare Vase auf den Boden fallen ließ.«

*

Christinchen besucht mit ihren Eltern ein Restaurant.
Kurz bevor das Essen aufgetragen wird, sagt die Mutter:
»Jetzt falte die Hände und danke dem lieben Gott für die
Mahlzeit.«

Sagt Christine: »Nicht nötig, Mutti, heute bezahlt ja
Papa.«

»Heini«, nimmt sich die Mutter ihren Zehnjährigen vor, »gestern war im Kühlschrank noch ein Stück Torte. Heute ist es spurlos verschwunden.«

»Wirklich?« staunt der Sohn. »Da muß ein Wunder geschehen sein.«

»Rede keinen Unsinn. Du hast die Torte gegessen. Es gibt keine Wunder.«

»So«, sagt Heini gekränkt, »noch nicht einmal seinen Kinderglauben darf man behalten.«

Es schimpfte die Mutter:

»Dieter, du hast wirklich keine Manieren!«
»Doch, die hebe ich mir aber auf, bis Besuch kommt.«

Onkel Ferdinand steckt sich eine Zigarette an und fragt seinen elfjährigen Neffen: »Rauchst du auch schon?«

»Wenn ich eine kriege, rauche ich auch eine.«

Schaut der Vater seinen Sprößling vorwurfsvoll an und erklärt ihm: »Wenn du eine rauchst, kriegst du eine.«

*

Mit Vorliebe patscht die kleine Sandra mit ihren Händchen auf Spiegel und Fenster. An Sandras sechstem Geburtstag entdeckt ihre Mutter wieder einmal einen Händeabdruck auf dem Schlafzimmerspiegel. Vorwurfsvoll sagt sie zu ihr: »Du bist jetzt sechs Jahre alt. Da macht man so etwas nicht mehr.«

Prompt kommt Sandras schlagfertige Antwort: »Das ist gestern passiert. Und da war ich noch fünf.«

Der zwölfjährige Sohn erklärt: »Wenn ich viele Moneten hätte, würde ich irgendwo hingehen, wo ich schon lange nicht mehr war.«

»Hier hast du Geld«, sagt sein Vater. »Geh mal wieder zum Friseur.«

*

Vater will einen Nagel in die Wand schlagen, aber der wird krumm. »Ralf«, sagt der Vater zu seinem Sohn, »hol mir aus der Küche mal die alte Beißzange.«

Ralf öffnet die Tür zur Küche und ruft: »Mutti, Papi braucht dich!«

*

»Na, was wollten sie denn in der Schule alles von dir wissen?« fragt der Vater seine Tochter, die gerade von ihrem ersten Schultag nach Hause gekommen ist.

»Vieles. Die Lehrerin wollte sogar deinen Vornamen wissen. Den habe ich aber nicht gesagt.«

»Warum nicht?«

»Ja, weißt du, Papa, die Väter von den anderen Kindern hatten so schöne Vornamen, und da wollte ich nicht sagen, daß du ›Dicker‹ heißt.«

*

Raimund hat etwas angestellt und flüchtet vor der strafenden Hand seiner Mutter unter ein Bett. Als sein Vater kurz danach heimkommt und von der Geschichte erfährt, verspricht er seiner Frau: »Na, das werden wir gleich haben.« Und er kriecht unter das Bett, um seinen Sohn hervorzuholen.

Kaum sieht ihn Raimund, freut er sich: »Prima, Vati. Wenn sie hinter dir auch her ist, bist du hier sicher.«

Stirnrunzelnd tadelt der Vater seinen sechsjährigen Sohn: »Wie kommst du denn zum Essen an den Tisch? Schämst du dich nicht, oder hast du mich schon einmal mit so schmutzigen Händen am Tisch gesehen?«
»Ich nicht, Vati, aber sicher der Opa.«

*

»Mutti, wie hast du eigentlich Vati kennengelernt?«
»Ich bin beim Kahnfahren ins Wasser gefallen. Und da ist Papi ins Wasser gesprungen und hat mich gerettet.«
»Aha! Ist er deswegen dagegen, daß ich schwimmen lerne?«

Es erklärte der Vater seinem Sohn den Sternenhimmel:

»Das dort oben ist der Große Wagen.«
»Welches Baujahr?«

Magdalena kommt am Sonntagvormittag mit einem Eis nach Hause.
Fragt die Mutter: »Wovon hast du dir das gekauft?«
»Du hast mir doch zwei Mark mitgegeben.«
»Das war doch für die Kirche.«
»Dort war der Eintritt aber frei.«

*

»Fritz, jetzt siehst du wieder einmal, was du von deinen heimlichen Naschereien hast. Jedesmal wirst du erwischt!«
»Das glaubst auch nur du, Mutti.«

Drei Zehnjährige prahlen.
Sagt der erste: »Mein Vater ist Geistlicher, und alle Leute sagen ›Herr Pfarrer‹ zu ihm.«
»Mein Onkel ist Bischof«, trumpft der zweite auf. »Und zu dem sagt man ›Eminenz‹.«
Lacht der dritte und meint: »Das ist doch gar nichts. Mein Vater wiegt fast drei Zentner, und wenn ihn die Leute sehen, sagen sie nur: ›Allmächtiger!‹«

*

»Was, Bengel, du erlaubst dir solche Frechheiten? Hast du denn gar keine Angst vor deinem Vater?«
»Ach wo, der hat doch seinen rechten Arm gebrochen.«

Es fragte der Sohn:

»Vati, was ist ein Ehrendoktor?«
»Das ist genauso ein Titel, wie wenn deine Mutter sagt, ich sei der Hausherr.«

»Warum brüllt denn der Kleine so?« fragt eine Nachbarin den jungen Vater, der seinen Sohn an der Hand führt.
»Er hat ein Schwesterchen bekommen.«
»Und er wollte wohl ein Brüderchen?«
»Nein, ein Dreirad.«

*

»Mutti, warum hat Vati so wenig Haare?«
»Weil er soviel nachdenkt.«
»Und warum hast du so viele?«

Mutti gibt Ralfchen einen Gutenachtkuß und sagt: »Schlaf schön! Aber lege dich nicht immer auf die linke Seite, sonst bekommst du an dieser Stelle ganz dünne Haare.«
»Ach«, meint Ralf, »dann steht Vati wohl immer mit dem Kopf im Bett.«

*

Klein Tobias geht in eine Buchhandlung und sagt zu der Verkäuferin: »Ich hätte gern einen spannenden Krimi mit wenigstens sieben Toten.«
»Aber so etwas ist doch keine Lektüre für dich«, sagt die Buchhändlerin.
»Das Buch ist für meinen Vater. Ich schenke es ihm, damit ich endlich in Ruhe mit meiner Eisenbahn spielen kann.«

*

»Aber Sohnemann«, sagt der Vater zu seinem Junior, als er abends heimkommt, »du könntest mich auch etwas freundlicher begrüßen. Nimm dir ein Beispiel an deiner Schwester. Die ist mir ganz liebevoll um den Hals gefallen.«
»Ich habe ja auch nicht die kostbare Lampe im Wohnzimmer kaputtgemacht.«

*

Hänschen beobachtet seinen Vater beim Rasieren und sagt: »Du siehst aus wie ein Löwe.«
»Blödsinn! Hast du denn überhaupt jemals einen echten Löwen gesehen?«
»Natürlich. Als wir vor kurzem im Zirkus waren, ritt doch ein Löwe auf einem Pferd.«
»Aber das war doch ein Affe.«
»Ach so, Vati. Aber genau so siehst du aus.«

Die sechsjährige Tochter sagt: »Mutti, ich habe doch gestern abend meinen Schutzengel gebeten, mich vor Dummheiten zu bewahren.«
»Das stimmt. Ich habe es gehört.«
»Es ist ihm nicht gelungen, Mutti.«

Es tadelte die Mutter:

»Aber Junge, du hast dich schon wieder nicht gewaschen.«
»Doch, Mutti, sieh dir nur das Handtuch an.«

Die Mutter hat sich über ihren Mann geärgert und sagt zu ihrem Achtjährigen: »Mein Kleiner, wenn ich dich nicht hätte...«
Strahlt der Sohn und sagt: »Dann hat sich meine Anschaffung ja doch gelohnt.«

*

Beim Abendessen kleckert Melanie wieder fürchterlich, und ihre Mutter sagt zu ihr: »Du bist ein Ferkel! Du weißt doch, was ein Ferkel ist?«
»Selbstverständlich, Mutti: von einem alten Schwein das Kind.«

*

Möllers zwei Söhne kommen nach Hause, und der eine sagt: »Sei leise, wir haben Besuch.«
»Wie kommst du darauf?«
»Mutti hat gerade über einen von Vatis alten Witzen gelacht.«

Der Junior hat zu seinem dritten Geburtstag seine ersten langen Hosen geschenkt bekommen.
Seine Mutter zieht sie ihm an und sagt: »So, jetzt bist auch du ein richtiger Mann.«
Erkundigt sich das Söhnchen: »Darf ich jetzt zu Vati Karl sagen?«

*

Der kleine Kurt bekommt von seinem Vater ein kleines Segelschiff zum Geburtstag geschenkt.
Der Sohn schaut das Geschenk mißtrauisch an und sagt: »Deshalb bade ich doch nicht öfter.«

*

»Mutti«, fragt Wolfgang, »was ist eigentlich ein Statist?«
Die Mutter erklärt ihm: »Ein Statist ist ein Mann, der meist auf der Bühne herumsteht und nichts zu sagen hat.«
Wolfgang denkt angestrengt nach, dann fällt der Groschen, und er sagt: »Also so einer wie Vati!«

*

Roland kommt vom Spielen nach Hause und fragt: »Mutti, ist es noch nicht Zeit zum Abendessen?«
»Nein, es ist doch erst vier Uhr.«
»Dann geht mein Appetit aber gewaltig vor.«

*

Die Mutter ist verreist, und Mäxchen besucht mit seinem Vater erstmals ein Restaurant.
Eifrig studiert er die Speisekarte und fragt schließlich: »Was bedeutet eigentlich ›nach Hausmacherart‹, Vati? Ist dann alles angebrannt wie daheim?«

»Mutti, freust du dich?«

»Worüber denn, mein Liebling?«

»Wenn ich dir zum Geburtstag eine schöne Kristallvase schenke.«

»Ach, ich habe doch die kostbare, die mir Omi zu Weihnachten geschenkt hat.«

»Gehabt, Mutti.«

Es fragte die Mutter ihren Sechsjährigen:

»Möchtest du noch gern ein Brüderchen haben?«

»Muß nicht sein. Vorerst werde ich noch allein mit dir und Papi fertig.«

Irene blättert im Album mit alten Familienfotos und fragt ihre Mutter plötzlich: »Wer ist denn auf diesem Foto hier der dünne Mann mit den langen blonden Haaren?«

»Aber Irene, erkennst du den Mann wirklich nicht? Das ist doch Vati.«

»So? Und wer ist dann der Dicke mit der Glatze, der bei uns wohnt?«

*

Cornelia ist schon über vier Jahre alt, hat aber bisher noch keinen zusammenhängenden Satz gesagt. Doch an einem Sonntagmittag sagt sie während des Essens: »Die Suppe ist zu kalt.«

»Cornelia«, freut sich die Mutter, »ein Wunder ist geschehen. Du kannst ja sprechen. Warum hast du bisher nie etwas gesagt?«

»Wieso? Bisher war die Suppe doch immer in Ordnung.«

Stallmanns feiern ihren fünften Hochzeitstag, und der vierjährige Sohn fragt: »War ich da auch dabei?«
»Nein, mein Junge«, sagt die Mutter lächelnd, »da warst du bestimmt nicht dabei.«
»Kein Wunder«, mault der Sohn, »ich bin ja nie dabei, wenn bei uns was los ist.«

*

Mutti macht sich zum Ausgehen fertig, und ihr kleiner Sohn fragt sie: »Mutti, hast du großes Vertrauen zu mir?«
»Aber gewiß, mein Junge.«
»Wenn das so ist, Mutti, dann sag mir, bitte, bevor du ausgehst, wo du die restlichen Stücke deiner Geburtstagstorte hingestellt hast.«

*

Die Szene, die Frau Koller wieder einmal ihrem Mann macht, hört der Achtjährige vom Nebenzimmer aus an.
Als sich der Sturm gelegt hat, kommt er zu seinem Vater und meint: »Papa, wenn ich auch in Zukunft immer recht brav bin, muß ich doch hoffentlich nie heiraten.«

*

»Ihr Jüngster wird jetzt offensichtlich auch langsam erwachsen«, sagt die Nachbarin.
»Woran haben Sie das gemerkt?«
»Gestern habe ich gesehen, wie er um eine Pfütze einen großen Bogen gemacht hat.«

*

Mutter: »Du hast deshalb Zahnweh, weil du so viele Bonbons gegessen hast.«
Norbert: »Aber Mutti, das kann doch nicht sein. Ich kaue ja immer mit allen Zähnen, und nur einer tut weh.«

»Aber Dietmar, wo bist du denn wieder gewesen?« will die Mutter von ihrem Sohn wissen, der völlig durchnäßt nach Hause kommt. Und fügt hinzu: »Es hat doch gar nicht geregnet.«
»Wir haben Hund gespielt«, sagt Dietmar.
»Aber davon kann man doch unmöglich so naß werden!«
»Doch, Mutti. Ich war immerzu der Laternenpfahl.«

*

Bernhard heult, und die Mutter fragt: »Warum weinst du denn?«
»Vati hat sich mit dem Hammer auf den Daumen geschlagen.«
»Deshalb brauchst du doch nicht zu weinen.«
»Zuerst habe ich ja auch gelacht.«

Es sagte der Vater:

»Ich strafe dich, weil ich dich liebe, mein Sohn.«
»Das weiß ich, Papa, aber soviel Liebe habe ich überhaupt nicht verdient.«

»Warum rennst du denn so?« ruft Fabian seinem Freund nach.
»Ich muß schnellstens nach Hause. Mutter will mich verhauen«, ruft Marco zurück.
»Und da beeilst du dich auch noch?«
»Klar. Wenn ich später komme, ist mein Vater schon daheim.«

Die junge Mutter ist nicht gerade eine Dreisterneköchin, aber falscher Hase gelingt ihr immer, und den gibt es deshalb auch meistens jede Woche dreimal.

Als er wieder einmal auf dem Tisch steht, stöhnt der siebenjährige Sohn: »Weißt du, Mutti, ich bin dafür, daß man endlich auch für falsche Hasen eine Schonzeit einführt.«

*

»Du bekommst keinen Schokoriegel mehr«, erklärt die Mutter. »Du bist müde und mußt gleich ins Bett.«

»Du kannst mir ruhig noch einen geben, Mutti«, beharrt Harald. »Müde bin ich nur im Gesicht, mein Magen ist überhaupt noch nicht müde.«

»Da wird Papi wieder eine Zeitlang
fremdgehen müssen«

oder

Das mit dem Klapperstorch ist
auch nicht wahr

»Du, Opa«, sagt der kleine Wolfgang zu seinem Groß-
vater, »habt ihr in der Schule auch Sexualunterricht ge-
habt?«
»Nein. Was ist denn das?«
»Das ist die Lehre vom Verkehr. Heute stand bei uns die
Klitoris auf dem Programm.«
»Klitoris? Noch nie gehört. Was soll das denn sein?«
»Na hör mal, Opa: der Anlasser.«

*

»Was macht ihr denn da?« fragt Waltraud, als sie überra-
schend ins Elternschlafzimmer kommt.
»Das nennt man Liebe«, klärt sie der Vater auf.
»Aha, und wer gewinnt gerade?«

*

»Mutti, Mutti, unser Dienstmädchen liegt mit einem fremden Mann im Bett.«
»Aber Kind, das ist ja entsetzlich!«
»Nicht so schlimm, Mutti. Ich habe dich reingelegt. Es ist
doch nur Papi.«

*

Vater ärgert sich über seinen Sohn und schimpft: »Du bist
ein böser Bub. Du hast mir wirklich noch keine Freude gemacht, seitdem du auf der Welt bist!«
»Aber vorher schon, Papi, stimmt's?«

*

Georg sitzt zum erstenmal mit seiner Kusine in der Badewanne. Er schaut sie lange an und meint dann: »Daß ihr
Mädchen immer alles gleich kaputtmachen müßt.«

Der kleine Oliver überfällt seine Mutter mit der Frage: »Ist es wahr, daß mich der Klapperstorch gebracht hat?«

»Gewiß«, stimmt die Mutter zu.

»Und die kleine Anke im dritten Stock auch?«

»Natürlich.«

»Und die Gisela, den Heribert und die Edith von ganz oben auch?«

»Aber ja, mein Kind.«

»Komisch«, wundert sich Oliver, »also hat in diesem Haus offensichtlich niemand normalen Geschlechtsverkehr.«

Es triumphierte die Neunjährige gegenüber der Klassenfreundin:

»Ich weiß schon, wie man Kinder kriegt.«

»Du bist aber doof. Ich weiß schon längst, wie man keine kriegt.«

Zwei zehnjährige Jungen sprechen über Mädchen.

»Ich habe Dorothea schon dreimal zur Schule begleitet«, sagt Fritz. »Und dabei habe ich auch noch ihre Mappe getragen.«

»Super!« sagt Michael.

»Außerdem habe ich ihr schon drei Eis gekauft«, fährt Fritz fort.

»Kaum zu glauben«, sagt Michael.

»Meinst du«, will Fritz schließlich von seinem Freund wissen, »ob ich sie jetzt vielleicht einmal küssen sollte?«

»Blödsinn!« sagt Michael. »Für die hast du doch wirklich schon genug getan.«

Peterle spielt mit Nachbars Karin im Sandkasten und sagt: »Zieh doch mal dein Höschen aus und laß mich deine Muschi sehen.«

»Blöde werde ich sein«, sagt Karin. »Das hebe ich mir für den Jungen auf, der mir später einmal meine Schulmappe trägt.«

*

Franks Mutter erwartet ein Baby, und deshalb wird der Junge für ein paar Tage bei einer Tante untergebracht. Als er wieder nach Hause kommt, ist ein Schwesterchen da, über das sich Frank sehr freut.

Als eine andere Tante, ein kinderloses schon nicht mehr ganz junges Fräulein, das Baby bewundert, sagt sie: »So ein hübsches Baby möchte ich auch mal haben.«

Empfiehlt ihr Frank: »Das ist doch ganz einfach, du mußt nur ein paar Nächte lang woanders schlafen.«

*

Die kleine Daniela kommt keuchend aus dem Hof und fragt ihre Mutter: »Kann ich ein Kind bekommen?«

»Völlig ausgeschlossen. In deinem Alter geht das noch nicht.«

»Bestimmt?«

»Ganz bestimmt.«

Da flitzt Daniela wieder in den Hof und ruft: »He, Jochen, wir können unbesorgt weitermachen und das tolle Spiel noch einmal spielen.«

*

Frederike schiebt ihren Puppenwagen vor sich her. Eine Nachbarin schaut hinein und meint: »In dem Wagen ist ja gar keine Puppe.«

Erklärt Frederike stolz: »Ich nehme ja auch wie Mami die Pille.«

Während einer Liebesszene im Fernsehfilm sagt Ursula:
»Mami, legt er jetzt seinen Blütenstaub auf die Frau?«

*

Der dreijährige Steffen ist ein Nachkömmling, dem seine
Eltern jeden Wunsch erfüllen. An seinem Geburtstag sitzt
er mit seinen Eltern und seiner elfjährigen Schwester beim
Essen, als er sagt: »Mutti, ich möchte gern ein Brüderchen.«
Die Eltern sehen sich verlegen lächelnd, aber schweigend,
an.
Sagt die große Schwester: »Macht bloß keinen Scheiß und
tut ihm auch noch diesen Gefallen.«

*

Ulrich kommt mit einer Neuigkeit zu seiner Mutter: »Morgen heirate ich Pauline.«
Seine Mutter lacht und sagt: »Aber ihr seid doch erst sechs
Jahre alt. Was wollt ihr denn machen, wenn ihr ein Baby
bekommt?«
»Das haben wir schon besprochen«, erklärt Ulrich. »Wenn
sie ein Ei legt, treten wir es einfach kaputt.«

*

Frau Fuchsgruber sitzt breitbeinig und ohne Slip auf einem Stuhl. Der achtjährige Sohn spielt auf dem Fußboden
und sieht verwundert auf eine bestimmte Stelle. Er fragt:
»Mutti, was hast du denn da zwischen den Beinen?«
»Ach nichts, mein Kind, ich habe mich da nur geschnitten.«
»Hast du aber ein Pech, Mutti«, sagt der Kleine mitleidig,
»da wird Papi nämlich eine Zeitlang wieder fremdgehen
müssen.«

»Was wünschst du dir denn zum Geburtstag?« fragt die Mutter ihren achtjährigen Sohn.
»Einen Tampon!«
Die Mutter ist fassungslos und fragt: »Warum denn ausgerechnet einen Tampon?«
»Warum denn nicht?« wundert sich der Sohn. »Im Werbefernsehen heißt es doch immer, daß man damit Tennis spielen, tauchen, reiten, Ski laufen und radfahren kann.«

*

Fragt der fünfjährige Sven seinen ein Jahr älteren Bruder Mike: »Ich überlege mir dauernd, wie wir wohl auf die Welt gekommen sind.«
»Sicher wie die Hühner. Mami hat bestimmt Eier gelegt und sie ausgebrütet.«
»Da können wir aber froh sein, daß sie uns nicht in die Pfanne gehauen haben.«

Es fragte die Elfjährige ihre Mutter:

»Was ist eigentlich Pubertät?«
»Wenn die Jungens noch nicht genau wissen, ob sie die Mädchen weiterhin verhauen oder schon küssen sollen.«

Rüdiger liegt im Krankenhaus. Sein Blinddarm soll entfernt werden. Die Oberschwester entdeckt an dem Elfjährigen erste Härchen, die sie abrasieren muß. Deshalb hält sie sein kleines Glied mit Daumen und Zeigefinger hoch.
Kurz darauf wird Rüdiger rot und sagt verlegen: »Jetzt können Sie wieder loslassen, Schwester Edeltraut, jetzt hält er von alleine.«

Der sechsjährige Lothar ist noch nicht aufgeklärt worden, und da seine Eltern nicht genau wissen, wie sie dem Kind die Geheimnisse des Lebens beibringen sollen, bitten sie ihren neunjährigen Sohn Georg, die Aufgabe zu übernehmen und dem Kleinen die Geschichte am Beispiel der Blumen und der Bienen zu erklären.

Abends sagt Georg zu seinem kleinen Bruder: »Du, Lothar, weißt du eigentlich, was Mama und Papa manchmal im Bett so treiben?«

»Na klar weiß ich das.«

»Prima. Ich soll dir nämlich sagen, daß es das gleiche ist wie bei den Blumen und den Bienen.«

Es sagte der Vater:

»Friedhelm, der Storch hat dir gerade ein Schwesterchen gebracht. Willst du es sehen?«

»Eilt nicht, Papi, aber den Storch möchte ich mir gern schnell noch ansehen.«

Mutti erwartet ein Baby. Ihre beiden Töchterchen, fünf und sieben Jahre alt, haben Kinderwäsche entdeckt und fragen nach deren Verwendung. Unter dem Siegel strengster Verschwiegenheit verrät ihnen die Mutter das süße Geheimnis, und beide versprechen feierlich, darüber kein Wort zu verlieren.

Zwei Tage später sitzen sie abends mit ihrem Vater zusammen, der sie zum Zeitvertreib Mädchen- und Jungennamen raten läßt. Dadurch wird bei der Siebenjährigen ein furchtbarer Verdacht wach. Am nächsten Morgen warnt sie deshalb ihre Mutter und sagt abschließend: »Du, Mutti, ich glaube, der Vati ahnt schon etwas.«

Die Mutter gibt ihrer kleinen Tochter einen Kuß und sagt: »Gute Nacht, mein Liebling, schlaf gut.«

»Gute Nacht, Mutti«, verabschiedet sich die Kleine und gibt ihrer Mutter einen festen Kuß.

Die Mutter sieht auf ihre um Jahre jüngere Schwester, die seit einiger Zeit zu Besuch ist, und bittet ihre Tochter: »Gib Tante Marianne auch einen Kuß.«

»Nein, Mutti, die haut beim Küssen.«

»Wie kannst du nur so etwas behaupten?«

»Frag doch Papa, Mutti.«

*

Die Eltern haben vergessen, das Schlafzimmer abzuschließen, und plötzlich steht der fünfjährige Paul unter der Tür.

Die Mutter, die auf ihrem Mann sitzt, versucht, die Situation zu retten und sagt: »Ich muß Vati den dicken Bauch wegmassieren.«

Bedenklich schüttelt Paul seinen Kopf und sagt: »Das wird nicht viel nützen. Denn jeden Dienstag abend, wenn du bei der Gymnastik bist, kommt die Nachbarin und bläst ihn wieder auf.«

*

Zwei Kinder stöbern auf dem Dachboden herum und finden einen roten Mantel mit weißem Pelzbesatz.

Sagt das eine: »An den Weihnachtsmann glaube ich jetzt nicht mehr. Das ist offensichtlich alles Schwindel.«

Sie suchen eifrig weiter und entdecken schließlich Nester mit Stroh und Osterhasen aus Pappe.

Sagt das andere: »Das mit dem Osterhasen stimmt also auch nicht.«

»Nein, aber wie ist das mit den Babys eigentlich? Die werden doch geboren. Also los, laß uns weitersuchen, bis wir auch noch den Bohrer gefunden haben.«

Der Vater und seine vier- und sechsjährigen Söhne sitzen zusammen in der Badewanne, und der Große fragt: »Papa, was hast du denn da?«

Der Vater schaut betreten auf sich herunter und sagt: »Na ja, das ist halt ein Dings.«

»Aber so ein Dings muß doch einen richtigen Namen haben«, bohrt der Ältere nach.

Der Vater überlegt krampfhaft und sagt schließlich: »Ja also, auf lateinisch heißt es Penis.«

Der kleine Sohn hat wie meist nicht richtig hingehört und ohnehin nur die Hälfte verstanden. Deshalb verkündet er wichtigtuerisch: »Also hast du einen großen Lateinischen und wir haben einen kleinen Lateinischen.«

Es sagte die Fünfjährige zu ihrer Zwillingsschwester:

»Gestern habe ich auf der Promenade ein Kondom gefunden.«
»Was ist denn eine Promenade?«

Die kleine Rosi sieht zum erstenmal ihren Vater nackt unter der Dusche stehen.

Sie rennt sofort zu ihrer Mutter und sagt: »Mutti, dem Papa hängt unten der Blinddarm raus.«

*

Der Vater klärt seinen Sohn auf und erläutert ihm umständlich die Sache mit den Bienen und den Blumen.

Fragt der Sohn: »Und was machen die Bienen, Vati, wenn die Blumen wie Mama mal keine Lust haben?«

Fragt die kleine Tochter: »Du, Mutti, wo kommen eigentlich die Babys her?«
»Die bringt doch der Storch.«
»Mich auch?«
»Selbstverständlich.«
»Dann hat Tante Meta doch recht. Sie hat nämlich vor kurzem gesagt, sie hätte dir Papi nur überlassen, weil er impotent ist.«

*

Zwei kleine Jungs schleichen auf einer Waldlichtung an ein Auto heran und schauen durch das Fenster.
»Das ist doch komisch«, flüstert der eine: »Keine Hose über dem Hintern, aber ein dickes Auto fahren.«

*

»Peter, der Klapperstorch hat dir vor ein paar Stunden ein Brüderchen gebracht«, berichtet die stolze Tante, als sie aus dem Krankenhaus kommt.
Peter schaut sie zweifelnd an und gibt zu bedenken: »Jetzt, im Januar, wo noch alle Störche im Süden sind?«

*

Der achtjährige Willi ist nicht mehr ganz von der Mitwirkung des Storches bei gewissen Dingen überzeugt. Er quält seinen Vater mit immer neuen Fragen, aber der Vater macht ständig Ausflüchte, weil er den Kleinen für zu jung für eine Aufklärung hält.
Nachdenklich schaut ihn schließlich der junge Mann, der merkt, daß sein Vater nur Ausreden gebraucht, an und sagt mitleidig: »Vati, sag mir endlich die Wahrheit, daß du es nämlich selbst nicht genau weißt.«

Die kleine Gunda möchte statt der langen Gebete, die sie abends immer aufsagen muß, lieber die wesentlich kürzeren benutzen, die sie von ihren Eltern gehört hat.

»Welche Gebete meinst du denn?« fragt ihre Mutter.

»Neulich habe ich gehört, wie du im Bett gesagt hast: ›O Gott, ich komme!‹ Und Papi hat danach gebetet: ›Herr Jesus, warte doch auf mich!‹«

*

Steffi und Helmer spielen im Sandkasten, und er fragt sie: »Willst du mich später einmal heiraten?«

Steffi überlegt lange und sagt danach: »Ich glaube, das wird nicht gehen. In unserer Familie heiraten sie nämlich alle untereinander: der Papi die Mami, die Tante den Onkel, der Opa die Oma.«

*

Die Mutter verbrachte die Nacht bei einer kranken Schwester, und die siebenjährige Verena durfte neben dem Vater im Ehebett übernachten.

Kurz vor dem Einschlafen fragt sie ihn: »Hast du mir gar nichts zu sagen?«

»Doch«, sagt der Vater, beugt sich an ihr Ohr und flüstert: »Wuschi, wuschi, wuschi...«

Verena zieht sich zurück und murmelt: »Heute nicht, Liebling, ich habe Kopfweh, mein Kreuz ist nicht in Ordnung und morgen habe ich einen ganz schweren Tag im Büro.«

*

Vater erwischt seinen Sohn mit seiner Freundin Sabine.

»Es ist nicht so, wie du vielleicht denkst, Vati«, versichert der Sohnemann. »Wir spielen gar nicht Onkel Doktor. Wir spielen Onkel Briefträger.«

Edgar schielt durch das Schlüsselloch in das Badezimmer. Seine Mutter erwischt ihn und tadelt: »Aber Edgar, man sieht doch nicht dem Dienstmädchen beim Baden zu.« »Ich gucke ja gar nicht auf Minna«, verteidigt sich Edgar, »ich gucke nur auf Papa.«

*

Der elfjährige Freddy hat im Fernsehen zufällig dem Auftritt einer Stripteasetänzerin interessiert zugesehen und ist plötzlich völlig verstört.
»Was ist denn mit dir los?« fragt ihn sein Vater.
»Ich weiß es auch nicht genau. Aber Mutti hat gesagt, ich würde sofort versteinern, wenn ich mir böse Sachen anschaue. Und genau das hat jetzt bei mir eingesetzt.«

Es fragte der Junior:

»Papa, kannst du mir helfen? Ich habe jetzt schon seit einem halben Jahr Sexualkundeunterricht, aber die Frauen verstehe ich immer noch nicht.«

Kläuschen überrascht seine Mutter unter der Brause. Er betrachtet sie eingehend von oben bis unten. Sein Blick bleibt auf dem Dreieck zwischen ihren Beinen haften, und er fragt: »Mami, was hast du denn da?«
»Du bist ein richtiger Frechdachs. Aber ich will es dir sagen: Das ist mein Schwamm.«
»Stimmt«, meint Kläuschen, »mein Kindermädchen hat auch so einen Schwamm. Und mit dem, habe ich zufällig gesehen, hat sie letzte Woche, als du bei Omi warst, Papa das Gesicht gewaschen.«

Ungläubig betrachtet der Sechsjährige seine neuen Geschwister, Vierlinge, die am Tag zuvor auf die Welt gekommen sind.

Danach besucht er seine Mutter im Wochenbett und sagt mit vorwurfsvoller Miene: »Das kommt davon, daß du die Bestellung bei dem Storch nicht selbst aufgegeben hast. Du hättest doch bedenken müssen, daß Vati stottert.«

*

Drei Jungen beobachten bei einem Spaziergang im Wald einen Mann und eine Frau, die sich eng umschlingen.

Sie bleiben hinter einem Busch stehen, beobachten das Liebespaar, und der Sechsjährige sagt: »Schaut mal, die raufen miteinander.«

»Von wegen«, sagt der Achtjährige, »die lieben sich.«

»Genau«, sagt der Zehnjährige, »und zwar ziemlich einfallslos!«

Es fragte die neue Nachbarin:

»Na, wie alt bist du denn, Kleiner.«
»Sechs. Aber wenn mein Vater nicht so schüchtern gewesen wäre, wäre ich jetzt schon acht.«

Müllers haben Nachwuchs bekommen, und Klein Siegfried will zu seiner Mutter.

»Das geht jetzt noch nicht«, sagt sein Vater. »Der Klapperstorch hat Mutti ins Bein gebissen, und da braucht sie viel Ruhe und Schlaf.«

Meint der Kleine: »Arme Mutter! Erst die schwere Entbindung – und jetzt auch noch der bissige Klapperstorch.«

Die Mutter zieht am Abend ihren kleinen Sohn aus, und der sagt unvermittelt: »Mami, ich hätte gern einen neuen.«

»Das geht nicht«, erwidert die Mutter. »Du kannst keinen neuen bekommen.«

»Das geht eben doch, Mutti«, beharrt der Sohn. »Ich habe nämlich gestern ganz genau gesehen, wie Papa, als er das Dienstmädchenzimmer verlassen hat, einen ganz neuen aus einer glänzenden Verpackung schälte.«

*

Ein zehnjähriges Mädchen betritt eine gut besuchte Drogerie und sagt mit lauter Stimme: »Bitte dreißig Kondome in verschiedenen Farben.«

Die Kunden starren entsetzt das Mädchen an, der Drogerist bekommt einen roten Kopf und sagt: »Erstens schreit man nicht so, zweitens ist das nichts für kleine Kinder, und drittens könnte sich das dein Vater wohl besser selbst besorgen.«

»Erstens«, erwidert die Zehnjährige, »hat man mir beigebracht, laut und deutlich zu sprechen, zweitens ist das nicht für, sondern gegen kleine Kinder, und drittens sind die Dinger nicht für meinen Vater, sondern für meine Mutti, denn die fährt morgen für vier Wochen allein in den Urlaub.«

*

»Was hast du denn vom Weihnachtsmann bekommen«, will Jens von seiner kleinen Freundin Brigitte wissen.

»Von wegen Weihnachtsmann«, empört sie sich. »Den spielt der Vati, genauso wie den Osterhasen. Und das mit dem Klapperstorch ist auch ein Blödsinn. Wir stammen nämlich alle vom Affen ab.«

Gespannt lauscht Berndchen seinem Vater, der ziemlich krampfhaft versucht, den Siebenjährigen aufzuklären. Als der Vater mit seinen gestelzten Ausführungen schließlich fertig ist, meint Berndchen nachdenklich: »Wenn ich dich also richtig verstanden habe, Papi, dann muß man sich für jedes Kind immer wieder dieser Plackerei unterziehen?«

Es verlangte der Achtjährige in der Stadtbibliothek:

»Ich hätte gern ein Buch, für das ich noch zu klein bin!«

Fragt der Knirps seinen Vater: »Papi, wo komme ich her?«
Der Vater erklärt es ihm. Als er fertig ist, freut sich der Junge: »Das wollte ich schon lange wissen. Mein Freund im Kindergarten behauptet nämlich immer, er käme aus Berlin.«

*

Frank und Viktoria haben erfahren, daß sie noch ein Geschwisterchen bekommen werden, und dies ist der geeignete Zeitpunkt, um sich zu überlegen, woher die Kinder eigentlich kommen.
Viktoria weiß es ganz genau: »Mein Lehrer hat gesagt, daß es weiblichen und männlichen Samen gibt, die der Wind von Blüte zu Blüte trägt.«
Frank denkt angestrengt nach und hat dann seine Zweifel: »Aber im Schlafzimmer von Mami und Vati weht doch gar kein Wind.«

Vati ist mit seinem achtjährigen Töchterchen im Hallenbad, und die kleine Dame ruft plötzlich: »Papi, mein BH ist aufgegangen.«
Der Vater bemüht sich eifrig, den Schaden zu beheben, und seine Tochter fragt ihn augenblinzelnd: »Bist wohl neugierig, Vati?«

*

Klein Oliver steht mit seiner fünfjährigen Freundin Edith bei Rot vor dem Zebrastreifen. Als Grün kommt, sagt er mit Beschützermiene: »Gib mir deine Hand.«
Meint Edith: »Von mir aus. Aber denke daran, du spielst mit dem Feuer.«

*

Der Vater hat seinen Sohn aufgeklärt und fragt: »Ist jetzt alles klar?«
Meint der Siebenjährige: »Schon, Vati, aber warum hast du mir das alles erzählt? Du weißt doch, daß ich Astronaut werden will.«

*

In der großen Pause sagt Heini zu seinem Freund: »Ich hatte gestern mit meinem Vater ein langes Gespräch über Mädchen.«
»Und?«
»Er versteht auch nichts davon.«

*

Sagt der Vater zu seinem Sohn: »Der Klapperstorch hat dir ein kleines Schwesterchen gebracht.«
Antwortet der sechsjährige Knut: »Ich verstehe dich nicht, Papi. Da gibt es so viele tolle Frauen – und was machst du? Du pennst mit einem dämlichen Vogel.«